Einführung

Hamburg trägt zu Recht das Prädikat „Grüne Metropole am Wasser“. Beginnend mit der im 8. Jahrhundert gegründeten „Hammaburg“ am Mündungsgebiet der Alster in die Elbe haben beide Gewässer und die Bille mit ihren Zuflüssen bis heute das Stadtbild geprägt. Die Flächen um die aufgestaute Alster und ihre Kanäle bildeten früh attraktive Wohngebiete aus. Die Elbarme (Norder- und Süderelbe) des Stromspaltungsgebiets sowohl in den Vier- und Marschlanden, im Hafen als auch im westlich angrenzenden Alten Land, im Norden begrenzt durch die eiszeitlich geformten und hervorgehobenen Geestkanten machen Hamburgs Stadtlandschaften unverwechselbar.

An der Bunthäuser Spitze im Osten Hamburgs teilt sich die Elbe in einen Norder- und Süderarm.

© Michael Zapf

Im Hamburger Osten ist die Stadtlandschaft durch die Bille und die Kanäle der Siedlungsgebiete von Hammerbrook, Rothenburgsort und Hamm geprägt. Der geplante städtebauliche Kraftakt, die urbanen Räume stromaufwärts wieder näher an die Stadt zu rücken, wird Hamburgs weiteren Weg zur großen Metropole Europas entscheidend verändern. Alster, Elbe und Bille bilden das Grundgerüst der im Landschaftsprogramm Hamburgs festgeschriebenen Landschaftsachsen, das als grüne Leitlinie für die urbane Entwicklung der wachsenden Stadt gilt. Wichtiges Ziel ist die Verknüpfung von Parkanlagen, Spiel- und Sportflächen, Kleingartenanlagen und Friedhöfen durch breite Grünzüge oder schmalere Grünverbindungen zu einem grünen Netz.

Die Landschaftsachse des westlichen Hohen Elbufers beginnt am Stintfang, der elbnächsten Bastion des ehemaligen Wallrings und endet jenseits der Landesgrenze bei Schulau in Wedel auf schleswig-holsteinischem Gebiet.

© Fotolia (Gerhard1302)

Arbeitsschiffe aus zwei Jahrhunderten dümpeln im Övelgönner Museumshafen. Dahinter erstrecht sich der Geestrücken mit der Elbchaussee.

Die landschaftliche Schönheit des Geesthangs mit seinem eiszeitlich geformten Relief und dem Weitblick bis zu den Harburger Bergen hat am Ende des 18. Jahrhunderts das Interesse bei der aufgeklärten wohlhabenden Kaufmanns- und Reederschaft als repräsentatives Siedlungsgebiet geweckt.

© Michael Zapf

Blick auf die „grüne Metropole am Wasser". Im Vordergrund das Hohe Elbufer mit dem Jenischpark, gegenüber die modernen Containerterminals mit dem Kreuzfahrer Queen Mary 2.

Den Ideen der Aufklärung und dem englischen Vorbild der Landhaus- und Gartenkultur folgend, entwickelte sich entlang der Elbchaussee in kultivierender Ergänzung zu den vorhandenen dörflichen Strukturen eine bis heute klassizistisch geprägte urbane Kulturlandschaft mit vielen erhaltenen Landhäusern, Villen und großen landschaftlich gestalteten Parkanlagen.

Vom 87 Meter hohen Bismarckstein in Blankenese wandert der Blick auf die Elbe mit ihren Inseln.

© Michael Zapf

Als herausragend sind hier folgende ehemals private, heute öffentliche Parks zu nennen: In Ottensen liegt auf dem Geesthang der Donners Park, auf dem auch die „Allgemeine Gartenbau-Ausstellung Altona 1914" stattfand. In Othmarschen befinden sich der Schröders Park mit weitem Blick über das Hafengebiet und der Jenischpark im eindrucksvollen Landschaftsgefüge des Tals der Flottbek. In Blankenese sind auf bewegten Hügelformationen der Hirschpark, der Baurs Park und der Römische Garten in umgebende Waldgebiete eingebunden. In Wittenbergen schließt sich der in den Waldpark Falkenstein eingebettete Sven-Simon-Park an.

Blick vom Otto-Schokoll-Höhenweg, der Wedel mit dem Hamburger Westen verbindet, auf die Elbe und den direkt am Ufer verlaufenden Fahrradweg.

© Michael Zapf

Die folgenden Texte und Abbildungen gehen auf Informationstafeln zurück, die der Verein „Hamburg – Grüne Metropole am Wasser e.V." mithilfe der Patriotischen Gesellschaft von 1765 am Hohen Elbufer aufgestellt hat. Sie geben wichtige Hinweise zu den kulturell bedeutenden Villen, Landhäusern, Parks und Gärten. Sie laden – mithilfe der dargestellten Wanderkartenausschnitte – dazu ein, diese ursprünglich klassizistische Stadtkulturlandschaft zu erkunden.

Urbane Kulturlandschaft Hohes Elbufer

Das Nördliche Elbufer zwischen St. Pauli und Schulau ist geprägt von der Abbruchkante der Geest zum Elbeurstromtal. Sie ist in der letzten Eiszeit entstanden und steigt im Westen bis zu 90 Meter üNN an. Im stadtnahen Bereich durchziehen Grünzüge, Parks und Villengärten die dichte Besiedlung.

Nach Westen dominieren große Landschaftsgärten, naturnahe Seitentäler, Strandzonen an der Elbe und waldartige Gehölze die Landschaft, nachdem die kahlen Hügel und Täler Mitte des 19. Jahrhunderts systematisch aufgeforstet worden sind. Auf den Höhen bieten sich durchgehend spektakuläre Ausblicke auf den geschäftigen Hafen, auf die Weite des Stroms und auf das Alte Land.

Leuchtturm „Unterfeuer Wittenbergen“ in Rissen

Einen durchgängigen Elbwanderweg planten Max Brauer (linkes Foto um 1930) und sein Bausenator Gustav Oelsner (rechtes Foto) bereits in ihrer Altonaer Zeit (1924–1933). Brauer und Oelsner verfolgten ihr Konzept nach dem Zweiten Weltkrieg ab 1948 weiter, nunmehr in ihrer Funktion für ganz Hamburg. Insbesondere das Projekt eines Elbhöhenwegs vom Bismarckstein durch den Römischen Garten in den Falkenstein konnte realisiert werden.

Es besteht die Absicht, das gesamte Elbufer von Altona bis Schulau durch öffentliche Spazierwege dem Publikum zugänglich zu machen und auf diese Weise die Parks an der Elbe, die noch freien Forste und das Strandgelände nutzbar zu verbinden. Gustav Oelsner

Der Süllberg in Blankenese

© Michael Zapf

Zur Kulturlandschaft wurde das Hohe Elbufer durch seine Siedlungsgeschichte. Alte Fischer- und Schifferdörfer finden sich in Övelgönne und Blankenese. Den besonderen Charakter prägen darüber hinaus die Architekturen der Landhäuser und Villen entlang der Elbchaussee, die in großer Zahl im 18. und 19. Jahrhundert zu Zeiten der Aufklärung und des Klassizismus entstanden.

Als Stadtrepublik präsentiert Hamburg hier auch heute noch sein Selbstverständnis einer großbürgerlichen Gesellschaft vom Zeitalter der Aufklärung bis in die Neuzeit. Zugleich spiegelt sich in dieser einmaligen Stadt-Kulturlandschaft die deutsch-dänische Tradition der Bürger von Altona und der in den Elbgemeinden.

In Abstimmung mit dem Regionalpark Wedeler Au e. V. und dem Bezirksamt Altona hat der Verein „Hamburg – Grüne Metropole am Wasser" ein Wegesystem zwischen den St. Pauli-Landungsbrücken und der Landesgrenze nach Schleswig-Holstein bei Schulau ausgewiesen, das neben dem Uferweg auch einen Höhenweg erschließt.

Exkurs zur Stadtgeschichte

Falkensteiner Ufer

Die vorindustrielle Kernstadt Hamburg endete im Westen mit ihrem Wallring am Stintfang; St. Pauli war Vorstadt. Ab dem 16. Jahrhundert entwickelte sich außerhalb des westlichen Stadtwalls im Bereich des heutigen Fischmarkts die Stadt Altona. Sie unterstand der dänischen Krone und war für Hamburg Ausland. Nach dem Deutsch-Dänischen Krieg von 1864 wurde Altona preußisch und entwickelte sich zu einer eigenen industriell geprägten Großstadt. Erst mit dem Groß-Hamburg-Gesetz von 1937 kam Altona zu Hamburg. Die großen Parks und Gärten mit ihren repräsentativen Landhäusern ergänzten ab Mitte des 18. Jahrhunderts die westlich von Altona vorherrschenden dörflichen Strukturen. Die Entdeckung der Schönheit der Landschaft zu Zeiten der Aufklärung und des Klassizismus machten Altona zur „Stadt der Parks an der Elbe".

Herausragende Persönlichkeiten dieser Zeit waren:
Der Kaufmann Caspar Voght (1752–1839), Begründer der „Ornamented Farm" um den Jenisch Park, und der Reeder Johan Cesar VI. Godeffroy (1813–1885) mit ausladenden Parks und Aufforstungen in Blankenese (Hirschpark) und am Falkenstein.
Die Architekturen dominierte Christian Frederik Hansen (1756–1845), dänischer Baumeister des Klassizismus in Altona.
Wichtigster Landschaftsgestalter war der Gartenkünstler und Architekt Joseph Ramée (1764–1842). Große Verdienste für den Erhalt und für die öffentliche Erschließung von Landschaft und Parkanlagen hatten in den 1920er-Jahren der damalige Oberbürgermeister des noch selbstständigen Altonas Max Brauer (1887–1973) und sein Bausenator Gustav Oelsner (1879–1956).

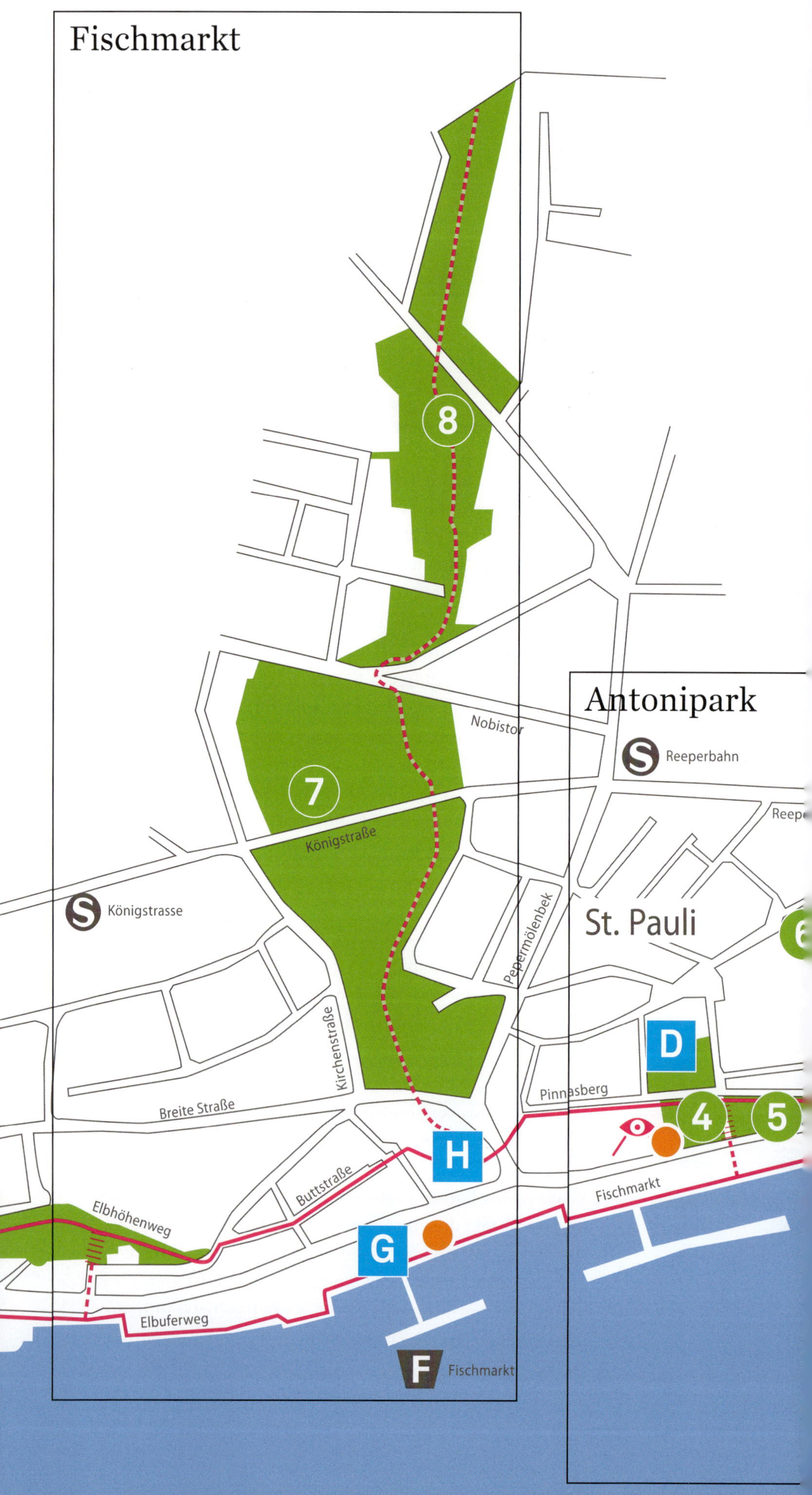

Fischmarkt
8
Nobistor
7
Königstraße
Königstrasse
Pepermölenbek
Kirchenstraße
Breite Straße
Buttstraße
Elbhöhenweg
Elbuferweg
H
G
F
Fischmarkt
Antonipark
Reeperbahn
St. Pauli
D
Pinnasberg
4
5
Fischmarkt

Stintfang
Antonipark
Fischmarkt

Stintfang

Stintfang, Lithographie von Wilhelm Heuer. Aussicht vom Stintfang (Elbhöhe)

1 Stintfang

Auf dem Stintfang wurde 1881 das Gebäude der Deutschen Seewarte errichtet (1943/44 zerstört), die ab 1876 unter anderem für Seewetterberichte und Sturmwarnung zuständig war. Nach dem Krieg entstand 1952–1955 eine der beliebtesten Jugendherbergen Deutschlands im Stil der Nachkriegsmoderne. Von hier aus führt die Kersten-Miles-Brücke nach St. Pauli. Der **Spazierweg „Bei der Erholung“** mit Aussichtsterrassen und historischen Baumreihen an der Geestkante bietet schattige Plätze mit Aussicht über den Hafen.

2 Wallanlagen

Oberhalb der St. Pauli-Landungsbrücken liegt der Knotenpunkt der ehemaligen Wallringbefestigung (1616–1626) von Johan van Valckenburgh. Nach Schleifung der Wallringanlagen ab 1820 wurden sie von Isaak Altmann in öffentliche Grünanlagen im landschaftlichen Stil umgestaltet. Die ehemaligen Bastionen wurden zu Standorten für öffentliche Bauwerke (Abb. rechts).

3 Alter Elbpark

Im Rahmen der ersten Internationalen Gartenbauausstellung Hamburg entstand 1869 die heutige Morphologie des Alten Elbparks zwischen Millerntor und Hafentor. Er wird vom Bismarckdenkmal (1903–1906) beherrscht.
Der Architekt war J. E. Schaudt, der Bildhauer H. Lederer.
Im Norden schließt sich der Wallringpark als Teil von Planten un Blomen bis zum Alten Botanischen Garten an.
Auf diesem Gelände fanden 1953, 1963 und 1973 Internationale Gartenbauaustellungen (IGA) statt.

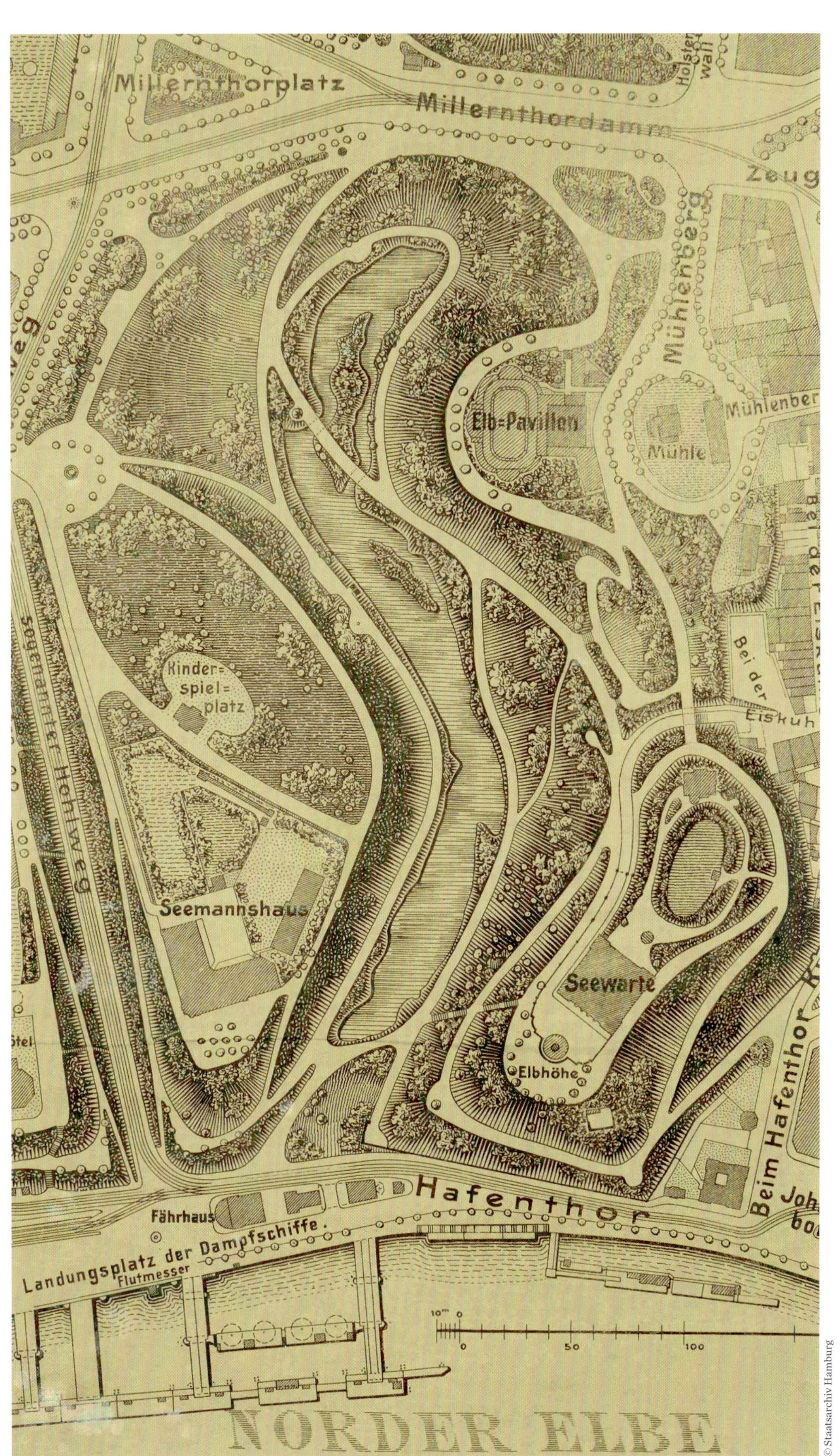
Millernthorplatz
Millernthordamm
Holsten wall
Zeug
Mühlenberg
Mühlenber
Mühle
Elb=Pavillon
Kinder=
spiel=
platz
Seemannshaus
Seewarte
Elbhöhe
Bei der Eiskuh
Beim Hafenthor
Hafenthor
Fährhaus
Landungsplatz der Dampfschiffe.
Flutmesser
NORDER ELBE

A Seewetteramt und Deutsches Hydrografisches Institut (DHI)

Als Ersatz für die auf dem Stintfang zerstörte Deutsche Seewarte wurden 1946 das DHI und das Seewetteramt des Deutschen Wetterdienstes hier neu begründet. Das Seewetteramt bezog die ehemalige, bereits 1749 gegründete Navigationsschule, deren Bau von Albert Erbe 1903–1905 im Stil der niederländischen Renaissance errichtet wurde. Das DHI erhielt den angrenzenden Bürobau von 1956–1957.

© Olaf Bey

Blick vom südlichen Elbufer auf die Landungsbrücken mit dem Hotel Hafen Hamburg (rechts), dem Eingang zum Alten Elbtunnel (Bildmitte), darüber das Bundesamt für Seeschifffahrt und Hydrographie, links daneben das Bernhard-Nocht-Institut für Tropenmedizin und das Empire Riverside Hotel (links).

B St. Pauli-Landungsbrücken

Anfang des 20. Jahrhunderts entstanden die St. Pauli-Landungsbrücken (1906–1910) als repräsentative Anlegestellen und als Ersatz für hölzerne Zugangsbrücken. Die Architekten Raabe & Wöhlecke entwarfen ein durch Bogendurchgänge gegliedertes Empfangsgebäude aus Muschelkalkquadern mit Kupferdächern und reicher Bauplastik. Den östlichen Abschluss bildet ein Turm mit Uhr und Pegelanzeige der Elbe. Auf der Hafenkante dahinter reihen sich die durch Neubauten ergänzten historischen Gebäudekomplexe des ehemaligen Seemannsheims, der Navigationsschule und des Tropeninstituts aneinander.

Alter Elbtunnel von 1911

C Alter Elbtunnel

Der repräsentative Kuppelbau (erbaut 1907–1911) des Eingangsschachtes von Raabe & Wöhlecke bildet im Westen den Abschluss des Gebäudeensembles der St. Pauli-Landungsbrücken. Zwei 426 Meter lange Röhren wurden im Schildvortrieb unter Pressluftdruck 23 Meter unter dem Wasserspiegel durch den Sand getrieben. Sie waren die größte und erste Flussuntertunnelung ihrer Zeit auf dem europäischen Kontinent.

Fußgänger, Radfahrer und Pkw gelangen über Treppen und Aufzüge in die mit glänzenden Schmuckkacheln ausgekleideten Röhren.

Antonipark

Vom Antonipark eröffnet sich ein grandioser Blick auf die Elbe und den Hafen.

© Michael Zapf

4 Antonipark

Durch Aktivitäten einer Gruppe von Künstlern und Anwohnern, die sich 1994 in einer Bürgerinitiative zusammenschlossen, entstand nach etwa zehnjähriger Kontroverse in Zusammenarbeit mit arbos Freiraumplanung ein lebendiger „Park mit vielen Inseln". Die Aussichtsterrasse auf einem Sporthallendach ermöglicht einen großartigen Panoramablick. Das Projekt wurde 2002 als „Park Fiction" auf der Documenta XI in Kassel präsentiert. Das Parkkonzept integriert die umgebenden Einrichtungen der Ev. Luth. Kirche St. Pauli und Schauermanns Park.

Schauermanns Garten und St. Pauli Hafenstraße um 1930

© Hamburgisches Architekturarchiv

5 Schauermanns Park

In den Gewölben der Kasematten an der St. Pauli Hafenstraße wurden früher Pferde und Wagen zum Abtransport eingehender Schiffsladung vorgehalten.
Um nach den einfahrenden Schiffen Ausschau zu halten, standen die Schauerleute auf dem Dach der Kasematten, dem Schauermanns Park. Im Zuge der Sanierung der Kasematten wurde die Terrasse gärtnerisch gestaltet.

Der Hamburger Berg um 1965

6 Hamburger Berg

Der Hamburger Berg ist die Geesthöhe zwischen Altona und der Hamburger Neustadt. Im Westen bildete die Pepermölenbek die Grenze zwischen Altona und Hamburg. Nördlich der St. Pauli-Kirche liegt der Hein-Köllisch-Platz, benannt nach dem Humoristen Heinrich Köllisch (1857–1901), der hier lebte und auf dem Spielbudenplatz ein Varietétheater betrieb. Auf dem weiter östlich gelegenen Gelände befand sich die traditionsreiche Brauerei Bavaria-St. Pauli, hier wurde bis 2003 Bier gebraut. Die Neubauten des Bavaria Quartiers (2004–2008) stehen stellvertretend für den Wandel des Hafen- und Arbeiterbezirks St. Pauli zu einem Dienstleistungs- und Erlebnisviertel kommerzieller Art.

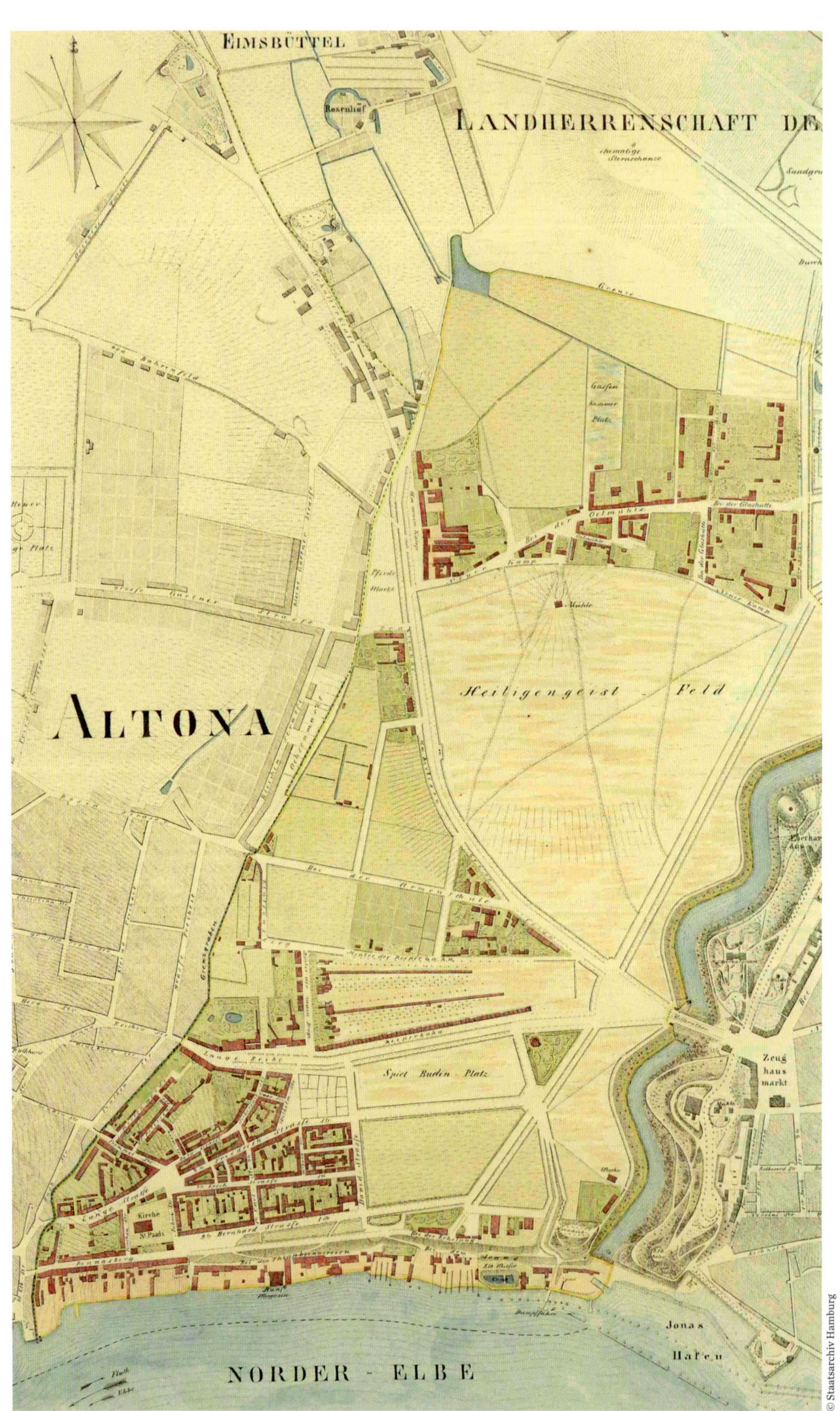

Grundriss der Vorstadt von Hamburg-St. Pauli (1836)

D Ev. Luth. Kirche St. Pauli

Seinen heutigen Namen St. Pauli übernahm die ehemalige Vorstadt Hamburgs 1833 auf Ratsbeschluss von der St. Pauli-Kirche. Nördlich des Antoniparks liegt das Gelände der Ev. Luth. Kirche St. Pauli mit Pastorat, Schule und Garten. Die ursprüngliche Kirche im Fachwerkstil von 1682 wurde 1814 von der französischen Armee zerstört und 1819 mit klassizistischen Stilelementen in Backstein von Carl Ludwig Wimmel neu errichtet. Der Turmbau erfolgte 1820 durch Max Wallenstein. Im Pastorengarten wird „Kiez-Honig“ erzeugt und es gibt Blumen- und Gemüsebeete. Der Garten ist für Gäste und Anwohner bis zum Einbruch der Dunkelheit geöffnet.

E Blohm + Voss

Die Flussinsel Steinwerder, St. Pauli gegenüber, war seit Mitte des 19. Jahrhunderts Standort vieler Werften. Blohm + Voss (gegr. 1877 von Hermann Blohm und Ernst Voss) ist die letzte Großwerft im Hamburger Hafen.
Das Trockendock Elbe 17 ist mit 351 Metern Länge und 59 Metern Breite eines der größten in Europa und kann z. B. die Queen Mary 2 aufnehmen. Neuerdings dient das Werftgelände auch als Veranstaltungsort des ELBJAZZ-Festivals.

Bei Blohm + Voss wurden viele berühmte Schiffe auf Kiel gelegt: Von den Großseglern Pamir und Peking reicht die Liste bis zur Megayacht des russischen Oligarchen Abramowitsch Eclipse (2009).

Der Jüdische Friedhof an der Königstraße ist nicht nur der älteste in Hamburg (1611–1877), sondern wegen seiner Grabsteinkunst ein einzigartiges Kulturdenkmal.

7 Jüdischer Friedhof

Von den fünf jüdischen Gemeinden in Altona, Hamburg und Wandsbek war die Altonaer die größte. Der Jüdische Friedhof (1611 angelegt, 1877 geschlossen) an der Königstraße ist das bedeutende Kulturdenkmal dieser Epoche. Der Friedhof beherbergt 2500 sephardische und 6000 aschkenasische Gräber, darunter kunstvolle Grabdenkmäler jüdischer Kulturträger wie z. B. von Samson Heine, dem Vater von Heinrich Heine. Der Friedhof ist nur nach vorheriger Anmeldung zu betreten.

8 Grünzug Neu-Altona

Im Juli 1943 wurde der östliche Teil von Altona-Altstadt fast vollständig zerstört und verlor 60 Prozent seiner Wohngebäude. Der Wiederaufbau zwischen 1955 und 1960 beruht auf Plänen von Oberbaudirektor Werner Hebebrand und Architekt Ernst May. Sie planten „Neu-Altona“ nach den Idealen der „Charta von Athen“ als gegliederte, aufgelockerte und durchgrünte Stadt (Abb. rechts).
Der Emil-Wendt-Park (ehemals Walter-Möller-Park) von der Landschaftsarchitektin Herta Hammerbacher ist Teil des Grünzugs vom Fischmarkt bis zur Holstenstraße. Die frei geformte Gestaltung mit großem Spielplatz ist durchsetzt von Baumgruppen und durch einen Rad- und Fußweg strukturiert.

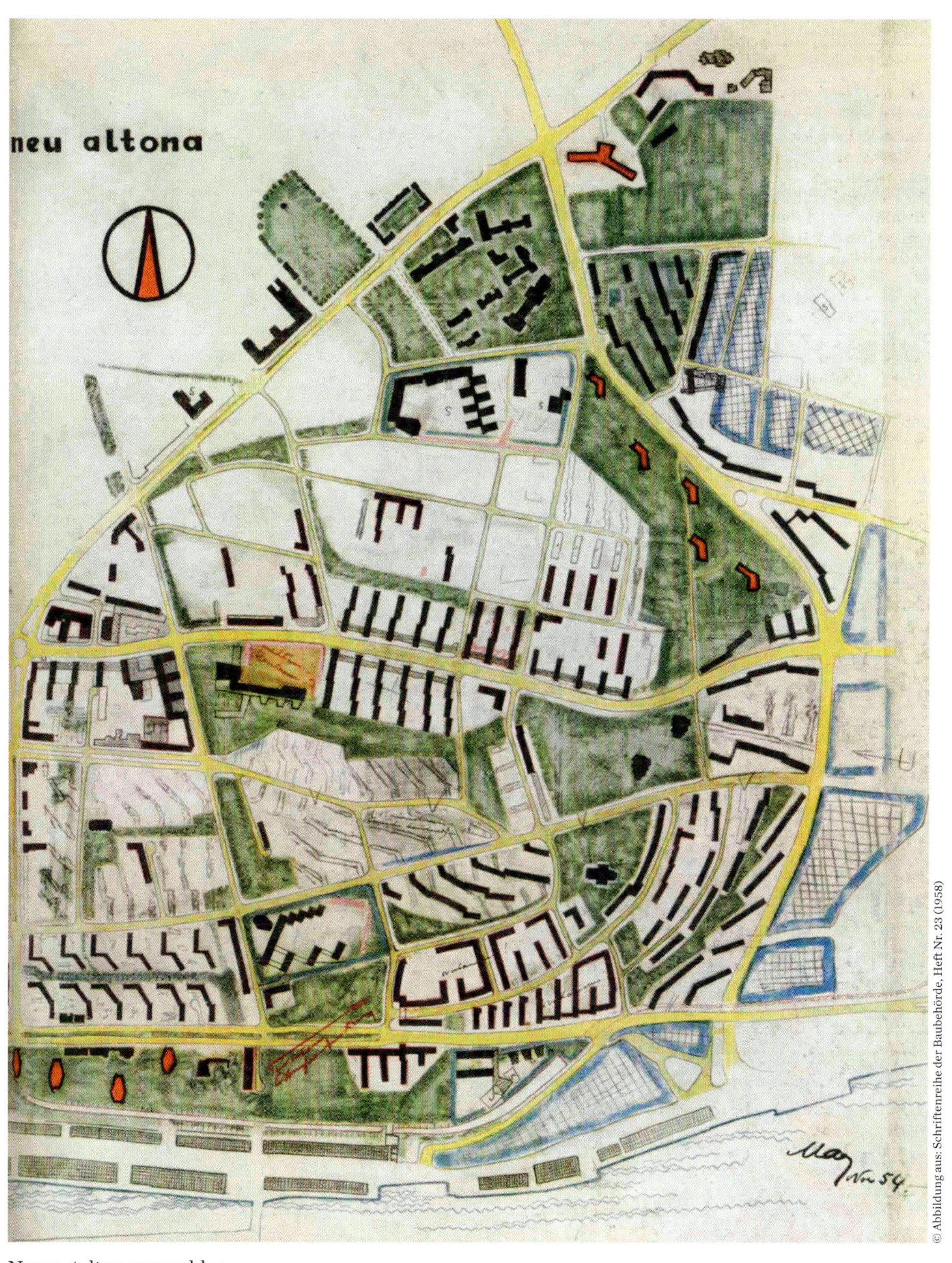

Neugestaltungsvorschlag
Altona-Altstadt, Ernst May (1954)

St. Trinitatis wurde während der Operation Gomorrha im Juli 1943 durch Bomben beinahe vollständig zerstört. Die äußere Gestalt der Kirche wurde nach dem Krieg fast gänzlich wiederaufgebaut.

F Ev. Luth. Kirche St. Trinitatis

Die Hauptkirche Altonas wurde 1694 im Barockstil von Baumeister Bläser gebaut, 1743 erfolgte durch die Baumeister Jacob Bläser und Cay Dose Abriss und Erneuerung des Kirchenschiffs. 1933 verlasen hier 21 Pastoren das „Altonaer Bekenntnis“ als Zeichen des Widerstands gegen den Nationalsozialismus.
Im Krieg vollkommen ausgebrannt und 1968 nach altem Vorbild unter Vereinfachungen der Ornamentik neu errichtet.

Fischmarkt in den 1920er-Jahren mit der kriegszerstörten Überdachung von Marktständen (oben, Mitte links) und der in den 1970er-Jahren abgerissenen St. Pauli-Fischhalle (vorne rechts)

G Fischmarkt

Der Altonaer Fischmarkt entstand ab 1703 als städtischer Handelsplatz. Mit Einführung der Fischauktionen Ende des 19. Jahrhunderts wurde der Fischhandel zum Schwerpunkt. Im Krieg teilweise zerstört, wurde die Randbebauung in den 1980er-Jahren im Charakter der ursprünglichen Bebauung geschlossen. Mit Kopfsteinpflaster und historischem Brunnen von 1742 sowie modern ergänzter Skulptur von Hans Kock werden nostalgische Stadtbilder zitiert.

Fischmarkt in den 1920er-Jahren in der weitgehend im Zweiten Weltkrieg zerstörten Bebauung von Altona-Altstadt

H Fischauktionshalle

1934 fusionierten die Fischmarktgesellschaften Hamburgs und Altonas zur Fischmarkt Hamburg-Altona GmbH. Beide Auktionshallen in Altona und St. Pauli wurden bei Bombenangriffen 1943 stark beschädigt. Die Halle auf St. Pauli wurde in den 1970er-Jahren endgültig abgerissen. Die Altonaer Fischauktionshalle ist Baudokument des Aufschwungs von Altona zum zweitwichtigsten Fischereihafen Deutschlands um 1900. Anfang der 1980er-Jahre wurde die Eisenskelettkonstruktion mit Ziegelausfachung vom Architekturbüro Günter Talkenberg restauriert. Die Halle wird seit 1984 als Veranstaltungsstätte genutzt und bietet Platz für 3500 Besucher.

Rosengarten

Rainvilleterrasse

Bernadotte Straße
Hohenzollernring
Elbchaussee
Schulberg
Elbuferweg
Elbhöhenweg
Neumühlen
Museums-hafen
Neumühlen - Övelgönne
5
4
K
G
F
H

Altonaer Balkon
Rainvilleterrasse
Rosengarten

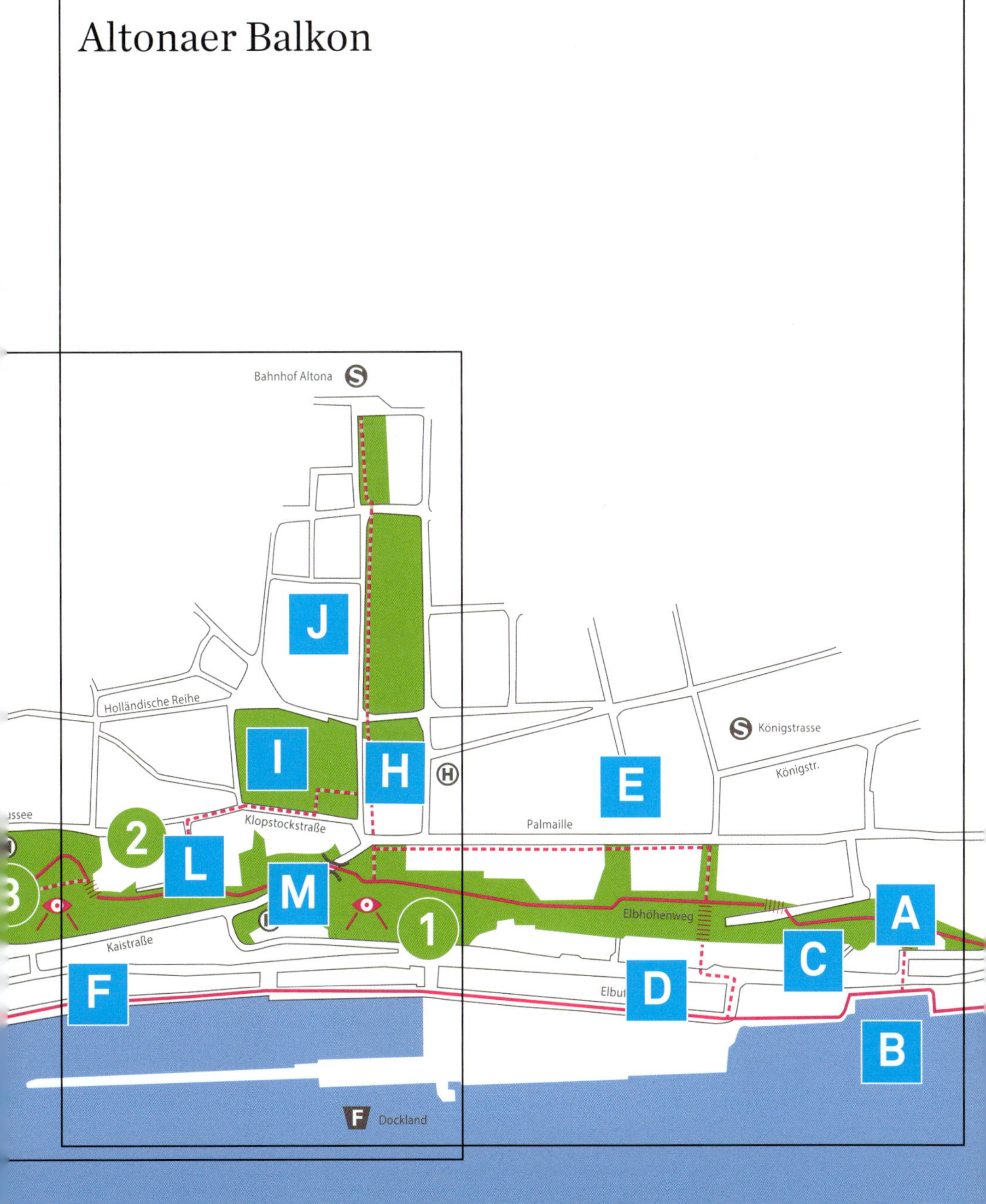

Altonaer Balkon

1 Altonaer Balkon

Der „Altonaer Balkon" ist der Endpunkt der kommunalen und kulturellen Hauptachse Altonas. Im Norden, am Altonaer Bahnhof beginnend, setzt sie sich am „Platz der Republik" als Parkanlage nach Süden bis zum Altonaer Rathaus fort. Hier anliegend findet man das Altonaer Museum und das Altonaer Theater.

Im Osten liegt der Stadtteil Altona-Altstadt, im Westen Ottensen. Das Altonaer Rathaus stellt die repräsentative Verbindung Hamburgs mit den Elbvororten dar – im Osten als Palmaille, im Westen zunächst kurz als Klopstockstraße, die in die Elbchaussee übergeht.

© Michael Zapf

Vom Altonaer Balkon eröffnen sich atemberaubende Blicke auf die Elbe und den Hafen. In dem weitläufigen Park steht die Bronzeplastik „Fischer“ von Gerhard Brandes (1923–2013) aus dem Jahr 1968.

Als ehemaliger Privatgarten ist der Altonaer Balkon nach Kriegszerstörung anliegender Gebäude mit dem östlich angrenzenden Grünzug seit den 1950er-Jahren öffentliche Grünanlage und einer der spektakulärsten Aussichtspunkte auf den Hafen.

Köhlbrandtreppe:
In den 1920er-Jahren

A Köhlbrandtreppe

Der monumentale Kopfbau wurde 1887 eingeweiht. Er stellte die Verbindung der alten Arbeiterwohngebiete von Altona-Altstadt oberhalb des Elbhangs mit den Fähren und dem Hafen her. Die Wandflächen zeigen die wichtigen Götter einer Hafenstadt: Merkur als Gott des Handels und Neptun als Gott der Meere. Der Brunnen ist mit Wappen von Altona und Preußen verziert, dem Altona damals als selbstständige Stadt angehörte.

Holzhafen:
In den 1920er-Jahren

B Holzhafen

Der Holzhafen ist das älteste Hafenbecken Altonas. Er wurde 1722 angelegt und diente vor allem für die Kleinschifffahrt. Insbesondere die Ewer auf der Unterelbe, die Altona mit Lebensmitteln und Baustoffen versorgten, legten hier an. In der zweiten Hälfte des 19. Jahrhunderts erhielt der Holzhafen einen Anleger für Dampfschiffe, die den Fährverkehr auf der Unterelbe, auf dem Köhlbrand und im Hamburger Hafen bedienten. Diese Verbindungen wurden bis in die 1970er-Jahre aufrechterhalten. Die zwei denkmalgeschützten Kräne am Kai zeugen vom Umschlag bis in unsere Zeit.

C Sandberg

Das Foto vom Anfang des 20. Jahrhunderts zeigt die enge Wohnbebauung Alt-Altonas, die sich über den gesamten Hang bis zur Palmaille und zur Breiten Straße erstreckte. Obwohl der Krieg circa 40 Prozent der über 100-jährigen Häuser übrig gelassen hatte, wurde das Viertel 1954 wegen der sehr engen, baufälligen und unhygienischen Bebauung zum Sanierungsgebiet erklärt.
In der Folge wurden 7416 Häuser abgerissen, insbesondere solche, die eine Wohnung von weniger als 50 Quadratmeter aufwiesen. Nach dem Leitbild der aufgelockerten und durchgrünten Stadt wurden die heutigen Grünanlagen geschaffen.

Altstadt:
In den 1920er-Jahren

C Altonaer Altstadt

Die dichte Bebauung der Altonaer Altstadt geht bis in das 17. Jahrhundert zurück und überzog den gesamten Hang vom Fischmarkt bis weit hinter den Schulberg. Im Zweiten Weltkrieg wurden circa 60 Prozent davon zerstört. Die übrig gebliebenen Häuser waren aufgrund der beengten und unhygienischen Wohnverhältnisse nicht mehr sanierungsfähig.

© Stiftung Historische Museen Hamburg, Altonaer Museum

D Fischereihafen

Das Foto aus den 1920er-Jahren zeigt das Löschen eines Fischdampfers. Zu dieser Zeit war Altona einer der bedeutendsten Fischereihäfen Deutschlands mit einer großen eigenen Flotte, die bis in die Fanggebiete vor Island fuhr. Aber auch die Kutterfischer aus Finkenwerder und Altenwerder landeten hier an. Die Fischereifahrzeuge wurden vor der Ausfahrt mit Proviant, Kohlen und Frischeis versorgt. Die Vermarktung der Fische, ihre Verarbeitung und Verteilung auf ganz Deutschland war und ist bis heute ein Schwerpunkt der Altonaer Wirtschaft.

Palmaille in Altona zu Beginn des 19. Jahrhunderts

© Jes Bundsen, 1811, Altonaer Museum

E Palmaille

Das Ensemble klassizistischer Stadtpalais aus dem späten 18. und frühen 19. Jahrhundert ist wesentlich durch den königlich-dänischen Baumeister Christian Frederik Hansen (1756–1843) geprägt, der auch an der Nordseite sein Wohnhaus hatte.
Mit der mittleren Allee hat die Palmaille eine lange Tradition als Promenade der vornehmen Altonaer. Der Name rührt vom dort betriebenen Spiel „Palla a Maglio“ (ital. Kugel und Holzschläger) her. Heute residieren hier eine namhafte Reederei und Dienstleister der Wirtschaft.

© Stadtteilarch.v Altona

F Hafen Neumühlen

Das Luftfoto aus der Zeit um 1920 zeigt das Kernstück des Altonaer Hafens mit Umschlag von Stück- und Massengut wie Kohle und Frischfisch. Die Waren wurden mit der Hafenbahn durch den heute noch existierenden, aber wegen Baufälligkeit gesperrten sogenannten Schellfischtunnel unter dem neuen Altonaer Rathaus hindurch zum Altonaer Bahnhof transportiert. Auf dem Foto sieht man den Grünen Elbhang mit der Villa der Familie Donner, genannt Donners Schloss, das später in staatlicher Nutzung war und im Zweiten Weltkrieg zerstört wurde.

© Michael Zapf

G Perlenkette

Die heutige Bebauung am Elbufer ist Teil einer sogenannten Perlenkette von architektonisch modernen Gebäuden, die sich von St. Pauli bis Övelgönne hinzieht. Nach dem Strukturwandel im Fischereihafen und Altonaer Hafen sind die neuen Gebäude aufgrund architektonischer Wettbewerbe entstanden, die sowohl dem maritimen Gewerbe wie Reedereien und Fischhandel als auch weiteren modernen Branchen des Dienstleistungsgewerbes und der Gastronomie sowie dem Wohnen dienen.

Als Chefplaner („Architekt des Elbufers") hatte sich Konstanty Gutschow (1902–1978) durchgesetzt. Neben einer Hochbrücke über die Elbe etwa im Verlauf des heutigen Elbtunnels war der zentrale Punkt das sogenannte Gauhaus mit 60 Geschossen (Abb. links) und 250 Metern Höhe sowie die „Volkshalle" mit einem Aufmarschplatz für 100 000 Menschen (Abb. rechts).

H Planungen im „Dritten Reich"

Nachdem Altona 1937 mit dem Groß-Hamburg-Gesetz nach Hamburg eingemeindet wurde, wollte die Stadt nach dem Willen Adolf Hitlers der Welt zeigen, dass Deutschland nach amerikanischem Vorbild „Wolkenkratzer" bauen könne. Entlang des Elbufers sollte durch Altona bis St. Pauli eine Bresche geschlagen werden, bei deren Verwirklichung auch die Palmaille verloren gegangen wäre und 40 000 Altonaer ihre Wohnung verloren hätten.

Früherer Kopfbahnhof, heute Altonaer Rathaus, H. Jensen und J. Gray (1845)

H Altonaer Rathaus

Ursprünglich war das Altonaer Rathaus der Kopfbahnhof der Altona-Kieler Eisenbahn. Die Südfassade ist Teil des alten Bahnhofs, erbaut 1844. Mit der Verlagerung des Bahnhofs nach Norden um 1898 begann die bauliche Ergänzung zur vierflügeligen Anlage des heutigen Rathauses. An der Nordseite im Giebel ein Relief, künstlerisch umgesetzt vom frühen Ernst Barlach. Vor dem Rathaus ein Reiterstandbild von Kaiser Wilhelm I. Weiter nördlich in der Grünanlage der schwarze Kubus von Sol LeWitt zum Gedenken an die aus Altona vertriebenen und ermordeten Juden.

Die Klopstockgräber (Friedrich Gottlieb Klopstock und seine Frauen Margareta (Meta) und Johanna Elisabeth) am Südportal der Altonaer Christanskirche

© Michael Zapf

I Christianskirche und Klopstockgrab

Weiter westlich an der Klopstockstraße liegt die spätbarocke Christianskirche aus Backstein mit Kupferdach. Davor, unter einer 250 Jahre alten Linde, wurde Friedrich Gottlieb Klopstock (1724–1803) als Altonaer Bürger unter großer Anteilnahme der Menschen von Altona, Hamburg und dem Deutschen Reich begraben.
Der früh-klassizistische Dichter und Aufklärer war vor allem durch das Gedicht „Messias“ berühmt, durch das in Deutschland die Epoche der Empfindsamkeit eröffnet wurde.

Das Haus der Jugend wurde in wirtschaftlich schwierigen Zeiten 1930 schräg gegenüber vom Altonaer Rathaus errichtet. Der damalige Bürgermeister von Altona, Max Brauer, initiierte den Berufsschulenbau bewusst als eine Institution der Arbeiterschaft im Zentrum der Stadt.

© Olaf Bey

J Haus der Jugend

1928 vom Altonaer Bausenator Gustav Oelsner (1879–1956) entworfener Stahlbetonskelettbau als gewerbliche Berufsschule für die männliche Jugend.
Mit seiner gerasterten Fassadengliederung und dem Flachdach ist er ein repräsentatives Zeugnis des „Neuen Bauens“ in Altona. In der Aula residiert heute das Altonaer Theater.

Foto oben:
Ausbau des Altonaer Hafens 1896. An der Landungsbrücke liegen nur Segelschiffe. Die Dampfer löschen ihre Fracht im Hamburger Hafen; um 1896.

Foto unten:
Am Altonaer Ostkai hat ein Stückgutfrachter angelegt. Foto von 1890

Foto rechts:
Neumühlen um 1935

K Altona, Neumühlen und Övelgönne

Die Straße Neumühlen zeugt heute noch von der frühen Industrialisierung Altonas. Zunächst siedelten hier Trankochereien, Seil- und Segelmacher und kleine Werften. Das austretende Hangwasser wurde für einen Mühlenbetrieb genutzt. Bis in die 1960er-Jahre war hier das Zentrum des Altonaer Hafens mit Fisch-, Stückgut- und Massengutumschlag. Ehemalige Kaispeicher sind heute zu repräsentativen Bürogebäuden umgebaut und bilden durch moderne Gewerbebauten an der Wasserkante, die sogenannte Perlenkette am Hafen.

Die Häuser an der Elbtreppe und das **Lawaetz-Haus** (Neumühlen 16–20) sind Beispiele der Wohnsituation für Arbeiter und Dienstboten aus der damaligen Dänenzeit zu Anfang des 19. Jahrhunderts und zeugen von dem sozialen Engagement von Johann Daniel Lawaetz (1750–1826).

In dem nicht befahrbaren Uferdorf **Övelgönne** siedelten vor allem Beschäftigte der Schifffahrt: Schiffer, Kapitäne, Bootsbauer und Lotsen.

Viele Häuser und Katen aus der Zeit des 18. und 19. Jahrhunderts sind erhalten geblieben, ebenso die dazugehörigen Vorgärten.

Rainvilleterrasse

© Altonaer Museum

L. Wolf (1807)

2 Rainvilleterrasse

An diesem Ort stand das Etablissement „Rainvilles Gartenrestaurant“ (Abb.), das von dem französischen Revolutions-Flüchtling César Claude Lubin Rainville geführt und 1795 im klassizistischen Stil von Christian Frederik Hansen in repräsentativem Garten errichtet wurde.
Der großartige Ausblick auf den Strom lockte viele damals berühmte Persönlichkeiten an und wurde in zeitgenössischen Reiseführern gepriesen. Nach dem Tod von Rainville 1845 und mit einsetzender Industrialisierung des Neumühlener Ufers und des Altonaer Hafens nahm die Attraktivität ab, bis 1867 das Restaurant abgerissen und der Garten parzelliert wurde.

3 Heinepark

In dem Park, dessen Gestaltung um 1830 auf Joseph Ramée zurückgeht, stand bis 1880 die Villa des großen Hamburger Bankiers und Gönners Salomon Heine (1767–1844). Auch sein Neffe Heinrich Heine hat hier als junger Mann oft gewohnt. Von dem ursprünglichen Ensemble sind noch das **Gartenhaus** an der Elbchaussee (Außenstelle des Altonaer Museums und Domizil des Vereins Heine-Haus e. V.) und die klassizistische Villa der Heine Tochter Therese Halle-Heine am südöstlichen Rand des Parks vorhanden.

An prominenter Stelle steht die 1913 erbaute und vor einigen Jahren umfangreich sanierte **Plangesche Villa**, in der heute der „Business Club Hamburg" residiert.

Der Park weist markante Großbäume aus seiner Entstehungszeit auf und wird nach historischen Plänen restauriert.

Das Gartenhaus des umfangreichen Landsitzes von Salomon Heine, dem Onkel des berühmten Dichters Heinrich Heine

L Ehemalige Seefahrtsschule

Der moderne weiße Bau an der Rainvilleterrasse beherbergte bis 2005 die Hamburgische Seefahrtsschule, erbaut von 1933–1935 von dem Architekten Hans Meyer (Foto unten). Er ist ein Zeugnis der „Neuen Sachlichkeit“ in Altona und wird nach denkmalgerechter Sanierung heute als private und gemeinnützige Fortbildungseinrichtung für Architekturstudenten genutzt. Sie wird getragen von der gmp-Stiftung, die unter anderem vom Architekturbüro von Gerkan, Marg und Partner (gmp Architekten) finanziert wird.

Die Seefahrtsschule an der Rainvilleterrasse wurde 2005 von der Stadt geschlossen. Nach einigem Hin und Her verkaufte Hamburg das Gelände an eine Investorengruppe um den Architekten Meinhard von Gerkan. Nachdem das Gebäude unter Denkmalschutz gestellt und renoviert wurde, zog dort die Academy for Architectural Culture ein.

Foto um 1935

M Schiefe Ebene

Unterhalb der Rainvilleterrasse blickt man auf die Kaistraße. Sie war einst Hauptzugang zum Altonaer Hafen. Um die Höhe zu überwinden, wurden früher die Fuhrwerke mit einer dampfbetriebenen Seilwinde den Berg heraufgezogen.
Mit dem Bau des Eisenbahntunnels 1876 ab dem neuen Altonaer Bahnhof („Schellfischtunnel") fand der Altonaer Fischereihafen einen direkten Bahnanschluss und wurde so in der Mitte der ersten Hälfte des 20. Jahrhunderts zum bedeutendsten Fischanlandeplatz Deutschlands.
Nachdem die Altonaer Fischfangflotte sukzessive eingestellt worden war, verlor der Tunnel seine Funktion und wurde 1992 geschlossen. Seitdem bemühen sich Initiativen – bisher vergeblich – um eine Wiedereröffnung für den Personenverkehr. Der vergitterte Austritt aus dem Hang ist neben der Kaistraße erkennbar.

G. Fries „Geneigte Ebene" (1855).
Als erste Stadt im deutschsprachigen Raum bot Altona einene direkten Güterumschlag zwischen Schiff und Eisenbahn an. Der Höhenunterschied zwischen Hafen und Bahnhof wurde auf kurzer Distanz durch eine 210 Meter lange schiefe Ebene mit einer Steigung von 15 Prozent überwunden. Die Güterwagen wurden auf spezielle Fahrgestelle gesetzt und diese per Seilaufzug bewegt.

Das „Donner-Schloss“, Architekt Johann Heinrich Strack, wurde in den Jahren 1853–1855 in gotischem Stil und im Geschmack der Spätromantik erbaut.

4 Donnerspark

Ursprünglich als großer Landschaftspark ab 1793 von Joseph Ramée für den Hamburger Kaufmann Georg Heinrich Sieveking angelegt, waren sein Landhaus und der Park Treffpunkt und Ort geistiger Auseinandersetzung der damaligen Elite der Aufklärung in Hamburg.

Mit dem Tod Sievekings 1799 wechselte der Park in den Besitz der Bankiersfamilie Donner, die das Sievekingsche Landhaus abreißen und vom Baumeister Johann Heinrich Strack das sogenannte Donner-Schloss in neugotischem Stil errichten ließ. Das Donner-Schloss war seit 1914 im Besitz von Altona und wurde im Zweiten Weltkrieg zerstört. Der Standort war dort, wo sich heute die große Wiesenebene erstreckt. Mit den Ruinenresten wurde der vor dem Schloss liegende Mühlenteich verfüllt und die Parkgestaltung den Bedürfnissen und Möglichkeiten der 1950er-Jahre angepasst.

Der Hang ist bis heute geprägt von vielen kleinen Quellen und Sickerstellen, die zur Straße Neumühlen hinabfließen und die teilweise dräniert und unsichtbar abgeleitet werden. Eine Neuplanung auf dem benachbarten und derzeit als Parkplatz genutzten Gelände des ehemaligen E-Werks Unterelbe sieht vor, das Wasser wieder sichtbar zu machen und durch eine Gartenkunst zu fassen.

5 Gartenbauausstellung

Auf dem Gelände des heutigen Rosengartens, von Donnerspark und Fischers Park fand 1914 „Die Allgemeine Gartenbau-Ausstellung Altona“ statt, die viel Beachtung fand und für Altona das Attribut „Stadt der Parks an der Elbe“ mitbegründete. Die Ausstellung musste mit Ausbruch des Ersten Weltkriegs abgebrochen werden. Reliefmodellierungen, Stützmauern, Natursteintreppen am Hang und einige Großgehölze sind verbliebene Zeugen.
Im Rosengarten wurde die Rosenschau präsentiert, ursprünglich im gartenreformerischen Stil nach Plänen von Gartenbaudirektor Ferdinand Tutenberg angelegt und seit den 1950er-Jahren mehrfach überarbeitet. Die Implantation des formalen sogenannten Liebermann Gartens ist das Geschenk eines Hamburger Gartenbauunternehmers.

Im Rosengarten an der Elbchaussee wurde 2005 der Heckengarten des in Berlin-Wannsee restaurierten Anwesens des Malers Max Liebermann (1847–1935), der eine enge Verbindung zu Hamburg hatte, nachempfunden.

Plan der Internationalen Gartenschau von 1914

Jenischpark/Teufelsbrück
Loki-Schmidt-Garten
Botanischer Garten
Klein Flottbek-
Botanischer Garten
Jürgensallee
Kanzleistr.
Derby
Park
7
G
H
I
F
4
Hochrad
Golfplatz
Holztwiete
Quellental
5
3
Baron-Voght-Straße
C. F. Hansen-Str.
P
J
6
8
Teufelsbrück
Elbuferweg
Parkstraße

Von Övelgönne bis Halbmondweg
Jenischpark/Teufelsbrück

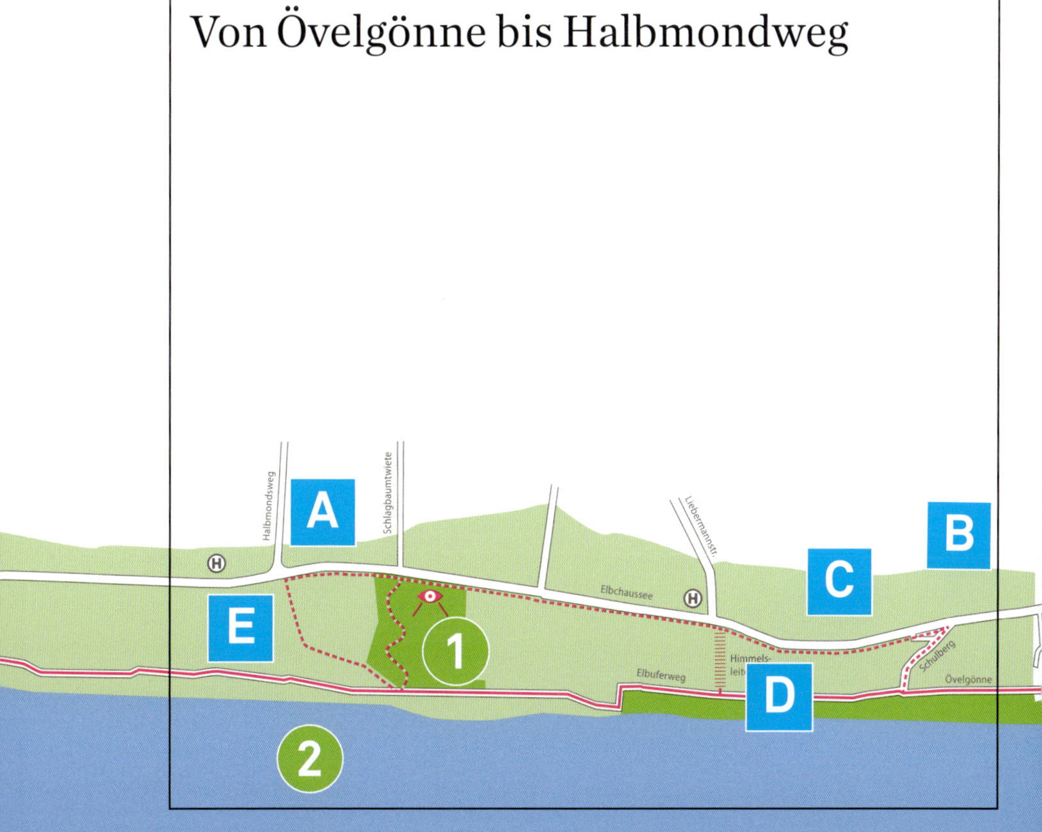

Von Övelgönne bis Halbmondweg

1 Schröders Park

Die bis 1937 selbstständige Stadt Altona trug den Beinamen „Stadt der Parks an der Elbe“, nachdem seit dem ausgehenden 19. Jahrhundert zunehmend große bis dahin private Landschaftsparks von der Stadt aufgekauft und öffentlich gemacht worden waren. „Schröders Elbpark“ war bis in das 20. Jahrhundert Privatbesitz der Familie des Bankiers und Kaufmanns Johann Heinrich Freiherr von Schröder (1784–1883), dessen Erben erst 1953 den Rest des weiträumigen Parkgeländes der Stadt Hamburg geschenkt haben.

Seit 1953 kann jeder Schröders Park mit seinem schönen Baumbestand, den großen Wiesenflächen und dem tollen Blick auf die Elbe zur Erholung nutzen.

2 Relief des Hohen Elbufers

Das nördliche Elbufer zwischen St. Pauli und Schulau ist geprägt von der Abbruchkante der Geest zum Elbeurstromtal, die in der letzten Eiszeit entstanden ist und im Westen bis zu 90 Meter üNN ansteigt. Im stadtnahen Bereich durchziehen Grünzüge, Parks und Villengärten die dichte Besiedlung.
Nach Westen dominieren große Landschaftsgärten, naturnahe Seitentäler, Strandzonen und waldartige Gehölze die Landschaft. Auf den Höhen bieten sich durchgehend spektakuläre Ausblicke auf den geschäftigen Hafen, auf die Weite des Stroms und des Alten Landes.
Mit den großen Landschaftsparks und den Architekturen der Landhäuser und Villen entlang der Elbchaussee, die überwiegend im 18. und frühen 19. Jahrhundert zur Zeit der Aufklärung und des Klassizismus entstanden sind, präsentiert sich hier eine einzigartige, klassizistisch beeinflusste, urbane Kulturlandschaft, die das Selbstverständnis einer großbürgerlichen Gesellschaft vom Zeitalter der Aufklärung bis in die Neuzeit spiegelt.

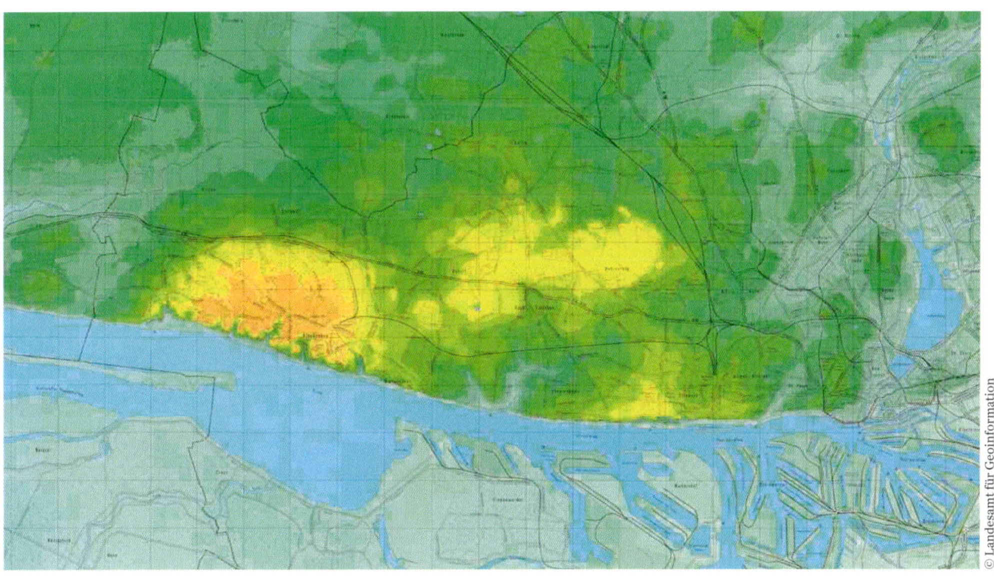

Reliefkarte des Hohen Elbufers vom Wallring bis Schulau in Höhenlinien: von dunkelgrün gleich tief (fünf Meter über NN) über gelb bis braun gleich hoch (90 Meter über NN)

Das „Stallgebäude“ am Halbmondweg wurde nach einem Brand 1820 von Johann Hansen, einem Neffen des Architekten C. F. Hansen, wiederaufgebaut. Sein Name ist durch seine ungewöhnliche Form begründet.

© Michael Zapf

A Halbmond

An der Ecke Halbmondweg/Elbchaussee steht ein von Christian Frederik Hansen um 1796 entworfenes, „Halbmond“ genanntes, klassizistisches Stallgebäude. Es ist das Wirtschaftsgebäude einer größeren, nicht mehr existierenden Anlage des englischen Kaufmanns John Thornton (1764–1835).

B Landhaus Gebauer

Philosophenweg 18. Von Christian Frederik Hansen um 1806–1808 für den Altonaer Commerz-Intendanten und Bankier Anton Friedrich Gebauer entworfen, durch den Verlust des Strohdaches und den Bau eines zusätzlichen Obergeschosses verfremdet. Heute im Privatbesitz, nicht zugänglich.

C. F. Hansen

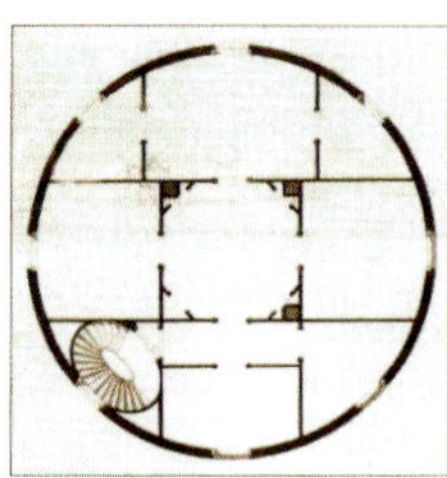

© Altonaer Museum

© Altonaer Museum

Kolorierter Stahlstich von Wilhelm Heuer (1850)

C

Säulenvilla, Elbchaussee 186

1817 von dem Baumeister Axel Bundsen für den Hamburger Russland-Kaufmann und Reeder Wilhelm Brandt errichtetes Landhaus, einer Villa auf der Krim nachempfunden.

Die damalige Fischer- und Lotsensiedlung Övelgönne wurde erstmals 1674 im Kirchenbuch der Gemeinde Ottensen, zu der der Ort gehörte, erwähnt. Am Övelgönner Strand befanden sich früher Schiffswerften. Von hier kann man bis zur Hamburger Stadtgrenze und darüber hinaus wandern und radeln.

© Michael Zapf

D

Kapitänshäuser Övelgönne

Ensemble als Straßendorf am Fuße des Elbhangs, Besiedlung aus vorindustrieller Zeit. Früher Wohnhäuser von Schiffern, Kapitänen und Bootsbauern.

E

Gasthaus Ritscher

Spätbarockes, einfaches Landhaus aus Backstein. Früher beliebtes Gasthaus, heute Wohnhäuser in modern-ergänzter Wohnanlage.

Der Wesselhoeftpark zeichnet sich durch zahlreiche alte Bäume, zwei ehemalige Mühlenteiche und die sich durch das Gelände schlängelnde Kleine Flottbek aus.

3 Wesselhoeftpark

Der Wesselhoeftpark ist ein romantisch-naturnaher Landschaftspark mit zwei von der Kleinen Flottbek gespeisten Teichen. Diese wurden bereits im 17. Jahrhundert aufgestaut, um Fischzucht sowie eine Öl- und Graupenmühle zu betreiben. 1864 erwarb der Hamburger Kaufmann Carl Johannes Wesselhoeft den nach ihm benannten Park. Einige besondere Baumexemplare (Ginkgo, Zedern) künden von dieser Zeit. Seit 1953 ist der Park im Besitz der Stadt Hamburg und öffentlich zugänglich.

Quellental: Peter Suhr „1817 im Juny“

4 Westerpark

Nach Aufgabe der Baumschulnutzung zum Ende der 1990er-Jahre wurden die Flächen des Westerparks wieder frei und konnten nach historischem Vorbild rekonstruiert werden. Insbesondere das „Quellental“ im Süden ist nach alten Plänen mit seinen Teichen und Bachführungen wiederhergestellt.

Klassizistisches Gebäude mit großartigem Elbblick: das Jenisch Haus im gleichnamigen Park

5 Jenischpark

Südlicher Teil der ehemaligen „Ornamented Farm" des Caspar Voght, ab 1785 als großzügiger Landschaftspark nach englischem Vorbild angelegt, ursprünglich teilweise mit Acker- und Grünlandnutzung.
Von 1828 bis 1927 Park der Familie Jenisch, danach öffentliche Parkanlage. Seit 2001 unter Denkmalschutz und nach alten Planunterlagen im Stile des frühklassizistischen Landschaftsparks mit seinen historischen Einbauten (Gärtnerhaus, Parkwärterhaus, Eierhütte, Knüppelbrücke, Pleasure Ground) restauriert bzw. wiederhergestellt.

Der Untere Elbsalon: Im Erdgeschoss des Jenisch Hauses befinden sich die großen Repräsentationsräume sowie das durch alle Etagen rückende Treppenhaus.

F Jenisch Haus

An der höchsten Stelle des Parks mit einem weiten Blick über die Elbe gelegen, steht ein klassizistisches Landhaus (Architekt: Franz Gustav Forsmann unter Berücksichtigung von Entwürfen Karl Friedrich Schinkels), für Senator Martin Johann Jenisch dem Jüngeren (1793–1857) mit hohem repräsentativen Anspruch gebaut (1831–1834). 1828 kaufte er von Baron Voght den Flottbeker Besitz. Heute Außenstelle des Altonaer Museums für großbürgerliche Wohnkultur mit repräsentativen Sälen im Erdgeschoss. In den oberen Etagen finden Sonderausstellungen zu Kunst, Architektur und Gartenkultur statt.

Das Landhaus des Caspar Voght ist ein Meisterwerk der Reduktion. Die in zwei Stockwerken umlaufenden Galerien nehmen dem Haus alle Schwere. Voght liebte den weiten Ausblick zwischen den Säulen.

G Landhaus Voght

Frühklassizistisches Gebäude (1794–1796, Architekt Johann August Arens) mit Säulen als Mittelpunkt des Mustergutes von Caspar Voght. In unmittelbarer Umgebung mehrere milieuprägende Hofgebäude und Landarbeiterhäuser (Instenhäuser) aus gleicher Zeit.

Das Bargheer Museum liegt neben dem nordwestlichen Eingang des Jenischparks.

© Michael Zapf

H Bargheer Museum

Im nordwestlichen Teil des Jenischparks befindet sich ein dem Künstler **Eduard Bargheer** (1901–1979) gewidmetes Ausstellungs- und Veranstaltungshaus. Das Ausstellungsprogramm steht unter dem Motto „Ein Künstlerleben im 20. Jahrhundert" und bezieht in wechselnden Sonderausstellungen Bargheers kulturelles und künstlerisches Umfeld mit ein.

1961, Architekt Werner Kallmorgen: Das Ernst Barlach Haus beherbergt zahlreiche Hauptwerke des Bildhausers. Interessante Sonderausstellungen

© Michael Zapf

I Barlach Haus

Modernes Ausstellungsgebäude der Hermann Reemtsma Stiftung für die Sammlung mit Werken von Ernst Barlach und Sonderausstellungen. Das Museum verfügt über 140 plastische Werke Barlachs, darunter 30 Holzskulpturen und einen nahezu vollständigen Bestand der druckgrafischen Blätter.

J Kaisertor und Gärtnerhaus

Mit Ehrentor (neobarockes Eingangstor von 1906). Das Tor wird auch „Kaisertor" genannt, weil es anlässlich der Erhebung von Martin Rücker von Jenisch in den Adelsstand für einen Besuch Kaiser Wilhelms II. errichtet wurde. Das danebenliegende Gärtnerhaus ist heute Sitz des Vereins „Freunde des Jenischparks e.V.".

6 Teufelsbrück

Im Mündungsgebiet der Flottbek (Jenischpark) und der Kleinen Flottbek (Wesselhoeftpark) senkt sich das Relief des Hohen Elbufers zum Strom ab. Die Elbchaussee wurde hier bis an das Ufer herangeführt.

Diese günstige Lage ermöglichte die Anlage eines kleinen Hafens und eines stark frequentierten Anlegers der Elbfähre nach Finkenwerder. Die Flottbek, die als kleines Fließgewässer in ihrem Mündungsbereich von der Tide beeinflusst ist, ist von naturräumlicher Bedeutung. Die daraus resultierende besondere Vegetation auf den Feuchtwiesen im Flottbektal steht (nach einem Parkpflegewerk von 1988–1992) unter Naturschutz.

7 Die Voghtsche „Ornamented Farm"

Der Hamburger Kaufmann Caspar Voght (1752–1839) war neben seiner erfolgreichen Tätigkeit als Handelsherr der Aufklärung verbunden und engagierte sich in der Förderung von Kunst, Wissenschaft und sozialem Fortschritt.

Auf seinen Reisen durch England kam er in Kontakt mit den Ideen der „Ornamented Farm", in denen bäuerliches Wirtschaften mit englischer Landschaftsgestaltung verbunden wurde.

Um 1785 begann er um das Dorf Klein Flottbek Flächen aufzukaufen, um sowohl mit modernen Anbaumethoden zu experimentieren, als auch soziale Reformen für seine Landarbeiter einzuführen und gleichzeitig eine gestaltete Landschaft zu schaffen. Zu seinem Gesamtbesitz gehörten der Norderpark, heute der **Botanische Garten „Loki Schmidt"**, der **Westerpark** mit dem „Quellental", der Osterpark, heute der **Großflottbeker Golfplatz,** und der Süderpark, heute der **Jenischpark. Caspar Voghts Landhaus** von 1796 (Architekt: Johann August Arens, 1757–1806) steht nördlich des Jenischparks an der Baron-Voght-Straße. Aus gleicher Zeit stammen im Umfeld die von Caspar Voght 1786 angelegten sogenannten **Instenhäuser**, ein- bis zweigeschossige Reihenhäuser für Landarbeiter (Baron-Voght-Straße und Jürgensallee). Mit ihren gesicherten Wohnrechten für die Bediensteten galten sie in ihrer Zeit als vorbildlich für eine humane Unterbringung.

8 Baumschulen

Ende des 18. Jahrhunderts lud Caspar Voght den Gärtner James Booth aus Schottland nach Flottbek ein und veranlasste ihn, hier eine Baumschule zu gründen, die in der Folge den gesamten Bereich zwischen Altona und Blankenese belieferte. Die Anzuchtsflächen erstreckten sich bis zur heutigen Parkstraße.

Von hier ausgehend entwickelte sich das große geschlossene Baumschulgebiet um Pinneberg und Elmshorn, das größte seiner Art in Europa. Auf den Flächen des Westerparks wurde die Baumschultradition bis Ende der 1990er-Jahre durch die Baumschule von Ehren weitergeführt. Baumreihenrelikte am Nordeingang zum Westerpark erinnern daran.

Die kolorierte Lithografie von Wilhelm Heuer zeigt die Gärtnerei von James Booth und seine Baumschule in Flottbek 1857. Zu sehen sind mehrere Gewächshäuser.

Hirschpark
Baurs Park
Blankenese
Dockenhudener Straße
Godeffroystraße
Ole Hoop
Elbchaussee
Gätgensstraße
K
L
F
3
I
J
4
H
G
Hoher Weg
Blankeneser Hauptstr.
Baurs Weg
Strandweg
"Lindenallee"
Leucht-
turm
Panzerstraße
"Kastanienallee"
Blankeneser
Segelclub
Mühlenberg
Lindenallee
Hirschgehege
Stauffenbergstr.
In de Bost
Blankeneser Kirchenweg
Mühlenberger
Hafen

Nienstedten
Hirschpark
Baurs Park

Nienstedten

Nienstedten

1 Parish Privatgärten und Villen

Gelände von John Parish (1742–1829), Schotte und erster Generalkonsul der Vereinigten Staaten in Hamburg, erworben und von Joseph Ramée überarbeitet. Nach 1806 zunehmend parzelliert. Die heutigen Villen und Gärten in unterschiedlichen Baustilen befinden sich in Privatbesitz.
1855 ließ sich Gustav Godeffroy von Auguste de Meuron (1813–1898) am Ende des Hirschparks einen schlossartigen Landsitz im neugotischen Stil errichten, der „Beausite" genannt wurde. Das Anwesen wurde nach 1893 mehrfach weiterverkauft und geteilt. 1935 wurde das Gebäude abgerissen.

Park von J. Parish in Nienstedten, 1835 nach J. Ramée. Der Teich, der auf der historischen Zeichnung (unten, Mitte) abgebildet ist, existiert noch heute.

Im 19. Jahrhundert war Nienstedten das kirchliche Zentrum für die Gemeinden Blankenese, Dockenhuden, Klein Flottbek, Groß Flottbek, Osdorf, Sülldorf, Rissen und Schenefeld. Der Friedhof an der Nienstedtener Kirche wurde 1814 im geometrischen Stil angelegt und seither mehrfach erweitert. Die Friedhofskapelle wurde 1929 eingeweiht und 1995 aufwändig renoviert.

© Michael Zapf

Grab von James Booth (1770–1814), schottischer Landschaftsgärtner und Baumschulenbesitzer. Caspar Voght lernte den 25-jährigen Booth auf einer England-Schottland-Reise kennen und überredete ihn, sich an der Elbe anzusiedeln.

© Michael Zapf

2 Friedhof Nienstedten

Seit 1814 ist er Begräbnisstätte für den großen Nienstedtener Pfarrbezirk. Grabstätten bedeutender Familien, darunter James Booth (†1814), Caspar Voght (†1839), Richard Parish (†1860), Hans Henny Jahnn (†1959) und Hubert Fichte (†1986).

T. Glashoff: Jacob's Garten, um 1820

A **Restaurant und Hotel Louis C. Jacob**
Daniel Louis Jacob (1763–1830), französischer Revolutionsflüchtling und späterer Landschaftsgärtner, übernahm 1791 den Gasthof eines Zuckerbäckers. Vor dem Weinrestaurant pflanzte Jacob die damals schon berühmte Lindenterrasse. Max Liebermann (1847–1935) schuf 1902 das berühmte Ölbild „Lindenterrasse" (Kunsthalle Hamburg).

B Das Landhaus J. H. Baur wurde 1806 von Christian Frederik Hansen (1756–1845) für den Bruder und Compagnon von Georg Friedrich Baur im Stil eines klassizistischen Tempels erbaut. Der Park, wahrscheinlich von Joseph Ramée entwickelt, wurde Ende des 19. Jahrhunderts für den Bau der Elbschloss-Brauerei (1997 geschlossen) parzelliert. Die verbliebenen Verwaltungs- und Produktionsgebäude der Brauerei werden heute von einer Reederei genutzt. Die Betriebsflächen sind zu Wohnanlagen umgestaltet. Das verbliebene Landhaus, auch Elbschlösschen genannt, ist heute nach aufwendiger Renovierung Sitz der Hermann Reemtsma Stiftung.

C. F. Hansen: Landhaus Baur

Blick von der Elbe Mitte des 19. Jahrhunderts auf Nienstedten und seine Dorfkirche. Wilhelm Heuer (1860)

C Nienstedtener Kirche

Barocke Dorfkirche vom dänischen Landbaumeister Otto Johann Müller 1751 erbaut und mit einer Kantate von Georg Philipp Telemann geweiht. Heute beliebte Hochzeitskirche. Besonders bemerkenswert sind der Kanzelaltar, das Gestühl auf den Emporen mit eingeschnittenen Familiennamen aus dem 18. und 19. Jahrhundert sowie, dank einer privaten Schenkung, ein Bilderpaar der Reformatoren Martin Luther und Philipp Melanchthon von Lucas Cranach dem Jüngeren aus dem Jahr 1582.

D Landhaus Roosen

Spätbarocker Bau, 1798 von Ernst Georg Sonnin („Michel"-Erbauer) für Berend I. Roosen (1705–1788), Reeder und Diakon der Mennonitengemeinde zu Altona, errichtet. Privatbesitz, von der Elbchaussee aus einsehbar.

E Internationaler Seegerichtshof der UN

Das Gebäude auf dem ehemaligen Schröderschen Anwesen (Villa von 1877) wurde nach Entwürfen des Architekturbüros von Branca,München, in den Jahren 1997–2000 errichtet. Die Schlüsselübergabe erfolgte am 3. Juli 2000 an den damaligen UN-Generalsekretär Kofi Annan. Die denkmalgeschützte Schröder'sche Villa blieb erhalten und wurde in die Gesamtanlage, die zwischen der Elbchaussee und der Straße Am Internationalen Seegerichtshof liegt, einbezogen.

Hirschpark

3 Hirschpark

Bäuerlicher Landhauspark des Kaufmanns und Reeders Johan Cesar IV. Godeffroy (1742–1818), 1790 nahe der inzwischen 300 Jahre alten Lindenallee angelegt.
Um 1850 Erweiterung mit Hirschgehege durch den Enkel Johan Cesar VI. Godeffroy (1813–1885, „König der Südsee") und Anlage eines „Französischen Gartens".
1860 Pflanzung von 1200 Rhododendren und Edelgehölzen (Ginkgo, Tulpenbaum, Bergahorn) sowie Anlage von künstlichem See und Wasserlauf.
Entwicklungsphasen vom „empfindlichen Landschaftsstil" über „klassizistischen Landschaftsgarten" bis zu „Biedermeier-" und „Reformhauskunst". Am Geesthang führt der alte Blankeneser Kirchenweg nach Nienstedten.

U. Meyer, D. Schramm, B. Bontrup: Entwicklungsplan Hirschpark (2009)

Die Doppellindenallee im Hirschpark mit 60 Meter hohen Bäumen gehört zu den schönsten Partien, die Hamburgs Parkgärten zu bieten haben.

Landhaus J. C. Godeffroy

© Altonaer Museum

Wo der Schriftsteller und Orgelbauer Hans Henny Jahnn lebte: das Witthüs

© Katrin Schmersahl

F Hirschparkhaus und Witthüs

Landhaus J. C. Godeffroy, von Christian Frederik Hansen 1789/90 als sein erstes klassizistisches Landhaus erbaut. Giebelinschrift: „Der Ruhe weisem Genuss". Das Haus wird heute von einer Ballettschule genutzt.
Im **Witthüs**, ehemaliges Kavaliershaus (Gästehaus), lebte bis 1959 der expressionistische Schriftsteller und Orgelbauer Hans Henny Jahnn (1894–1959). Eine Gedenktafel erinnert an ihn. Das Witthüs mit Bauerngarten von 1982 ist heute Restaurant und Teestube.

Landhaus von Richard Godeffroy (1798–1864), durch den renommierten englischen Architekten Arthur Patrick Mee 1836 erbaut. Lage oberhalb des Mühlenberger Hafens, vom Hirschpark einsehbar; in Privatbesitz

© Michae Zapf

G „De Bost“

Am Ende der Straße In de Bost steht ein spätklassizistisches Landhaus, das sich Richard Godeffroy errichten ließ. Danach erwarb das repräsentative Gebäude Gottlieb Jenisch. Die Familie musste sich allerdings 1921 in der Inflationszeit von dem Anwesen trennen. Danach folgten häufige Besitzerwechsel. Seit 1953 gehört das „Landhaus Bost“ der Industriellenfamilie Oetker, die es als Gästehaus für den Konzern nutzt. Es ist nicht öffentlich zugänglich.

Tweehus (Doppelhaus) Nr. 10/12 , etwa 1732–1735

© Katrin Schmersahl

H Panzerstraße

Treppenzugang zum Baurs Park mit historischen Fischerhäusern aus dem 18. Jahrhundert. Die Panzerstraße verbindet die Straße Mühlenberg mit dem Mühlenberger Weg. Rechts und links des kleinen Fußwegs stehen – etwas versetzt –Einzelhäuser (teilweise mit Reet gedeckt) mit kleinen Gärten.

Baurs Park

Baurs Park ist ein bedeutendes Gartendenkmal. Er wurde vom Gartenkünstler Joseph Ramée im englischen Stil gestaltet. Das Gebäude steht seit 1940 unter Denkmalschutz. Nachdem die Familie Baur 1921 Park und Landhaus verkauft hatte, erhielt das Herrenhaus durch den neuen Eigentümer den Namen Katharinenhof. In dem zweigeschossigen Putzbau war zeitweise das Ortsamt Blankenese untergebracht.

4 Baurs Park

Landhauspark des Altonaer Reeders Georg Friedrich Baur (1768–1865), zwischen 1805 und 1833 zum Landschaftspark mit drei Aussichtskanzeln über der Elbe gestaltet. 1922 Parzellierung von Teilen des Parks zur Ansiedlung von Villen und Privatgärten, seit 1939 Landhaus und restlicher Park im Staatsbesitz. Am Elbufer gusseisernes Gitter von 1834.
Der Leuchtturm im Baurs Park leitet als „Oberfeuer" zusammen mit dem Leuchtturm am Blankeneser Strandweg die Schifffahrt in den Hamburger Hafen. Eine Erneuerung der Leuchtfeuer steht bevor.

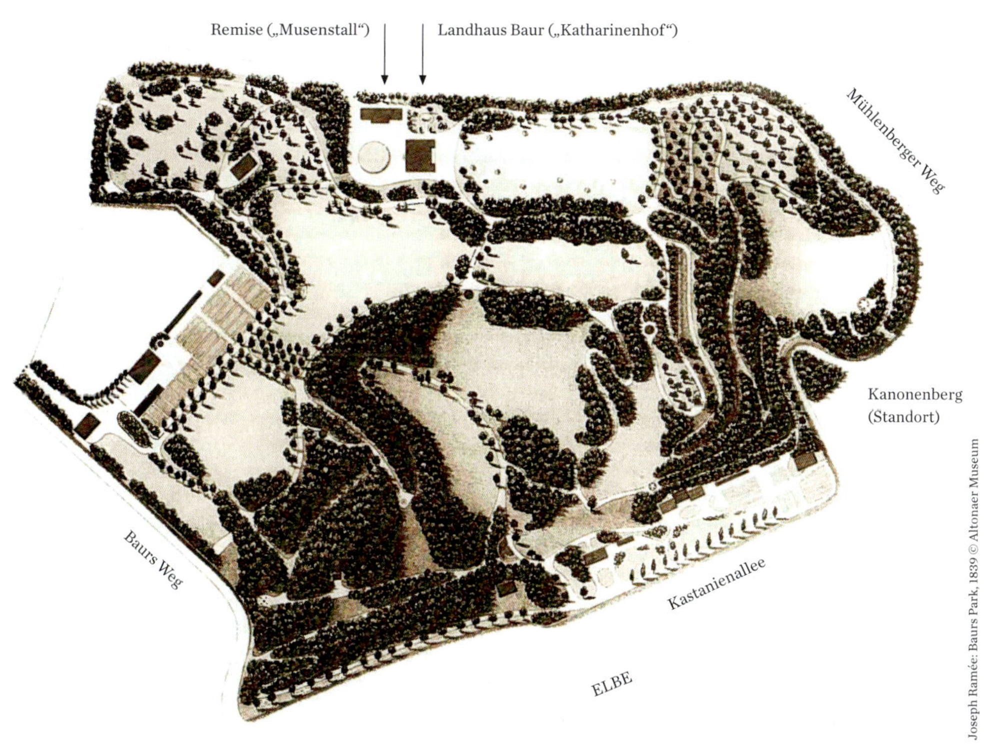

Joseph Ramée: Baurs Park, 1839 © Altonaer Museum

Ludwig Philipp Strack (1761–1836): Blick vom Baurs Park nach Hamburg, 1811

© Altonaer Museum

Blick vom Kanonenberg im Baurs Park auf die Elbe und das Mühlenberger Loch. Vom Kanonenberg wurden die einlaufenden Schiffe des Kaufmanns und Reeders Georg Friedrich Baur mit Böllerschüssen begrüßt.

© Katrin Schmersahl

I Katharinenhof mit Musenstall

Spätklassizistische Bauten von Johann Matthias Hansen (1781–1850) und Ole Jörgen Schmidt für Georg Friedrich Baur, zwischen 1826 und 1833 als unterkellertes Landhausensemble erbaut. Die Remise (1839) war von 1955 bis 2005 städtische Bücherhalle, daher der Name „Musenstall“. Der dringend renovierungsbedürftige Komplex ist seit 2009 im Privatbesitz.

© Michael Zapf

J Villen im Baurs Park

Ein Oktogon mit Flankenbauten von 1985, Bau und Wohnsitz des Architekten Cäsar Pinnau (1906–1988); am Ende der Lindenallee die moderne Villa von David Chipperfield (2008). Die mit Reet gedeckten Villen im Park (Foto) entsprechen noch dem Stil der 1920er-Jahre.

Das Weiße Haus, eine eineinhalbgeschossige Villa mit ionischen Säulenportalen, wurde 1790–1792 vom dänischen Architekten Christian Frederik Hansen für den Bruder von J. C. Godeffroy erbaut und in den 1930er-Jahren vom Reeder Essberger in seinen Originalzustand zurückvcrsctzt. Bis heute ist es im Besitz der Familie.

K „Weißes Haus" und ehemalige Blankeneser Apotheke

Landhaus Peter Godeffroy (Elbchausssee 547), dem Bruder von Johan Cesar IV. Godeffroy, von Christian Frederik Hansen (1756–1845) im klassizistischen Stil 1792 erbaut. Garten von Daniel Louis Jacob. Nicht zugänglicher Privatbesitz.
Schräg gegenüber die ehemalige **Blankeneser Apotheke** (Elbchaussee 564). Einfacher klassizistischer Bau des Hansen-Neffen Johann Matthias Hansen von 1836.

Bismarckstein/ Süllberg

Römischer Garten und Kösterberg

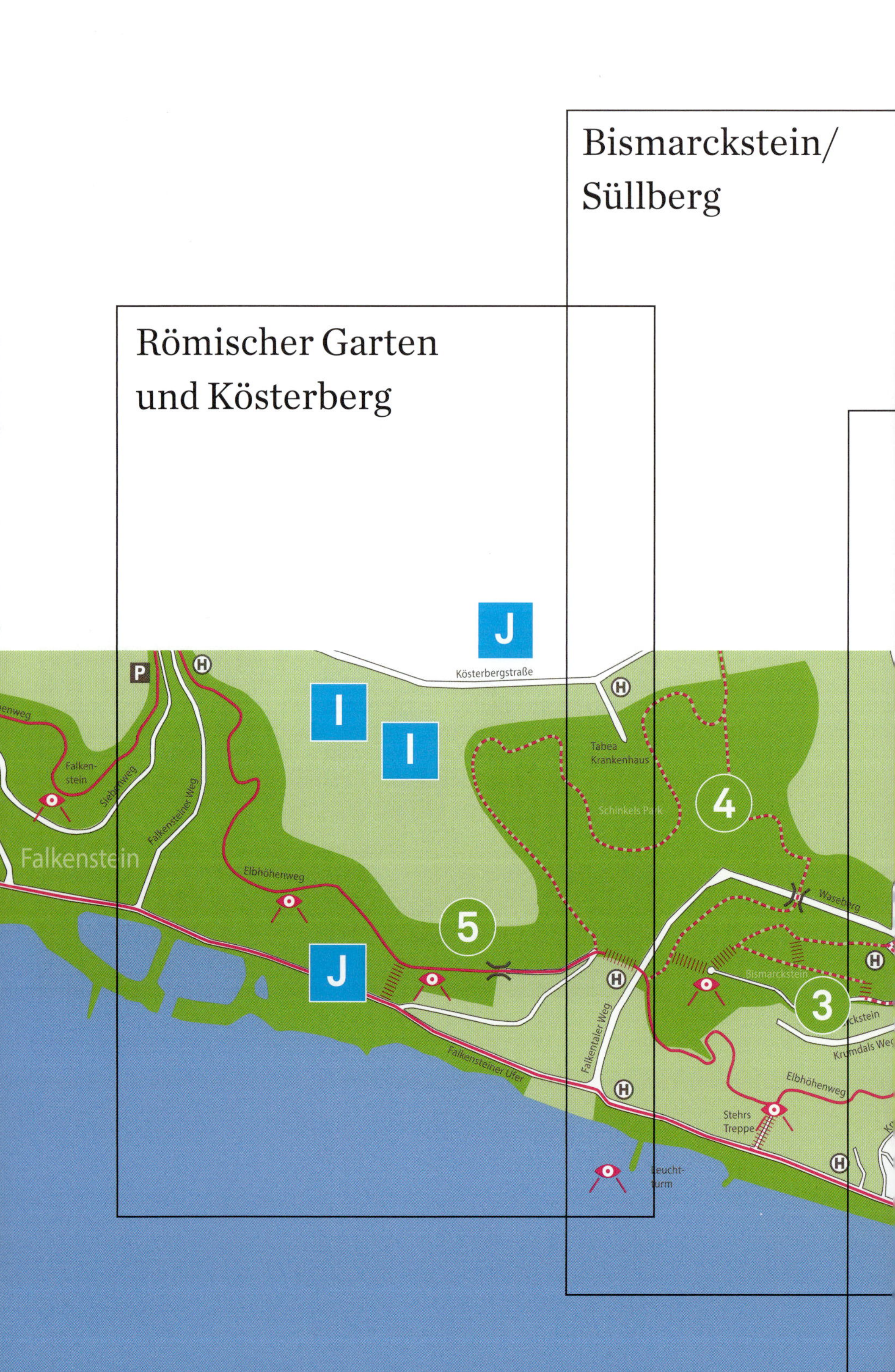

Blankenese Bismarckstein/Süllberg Römischer Garten und Kösterberg

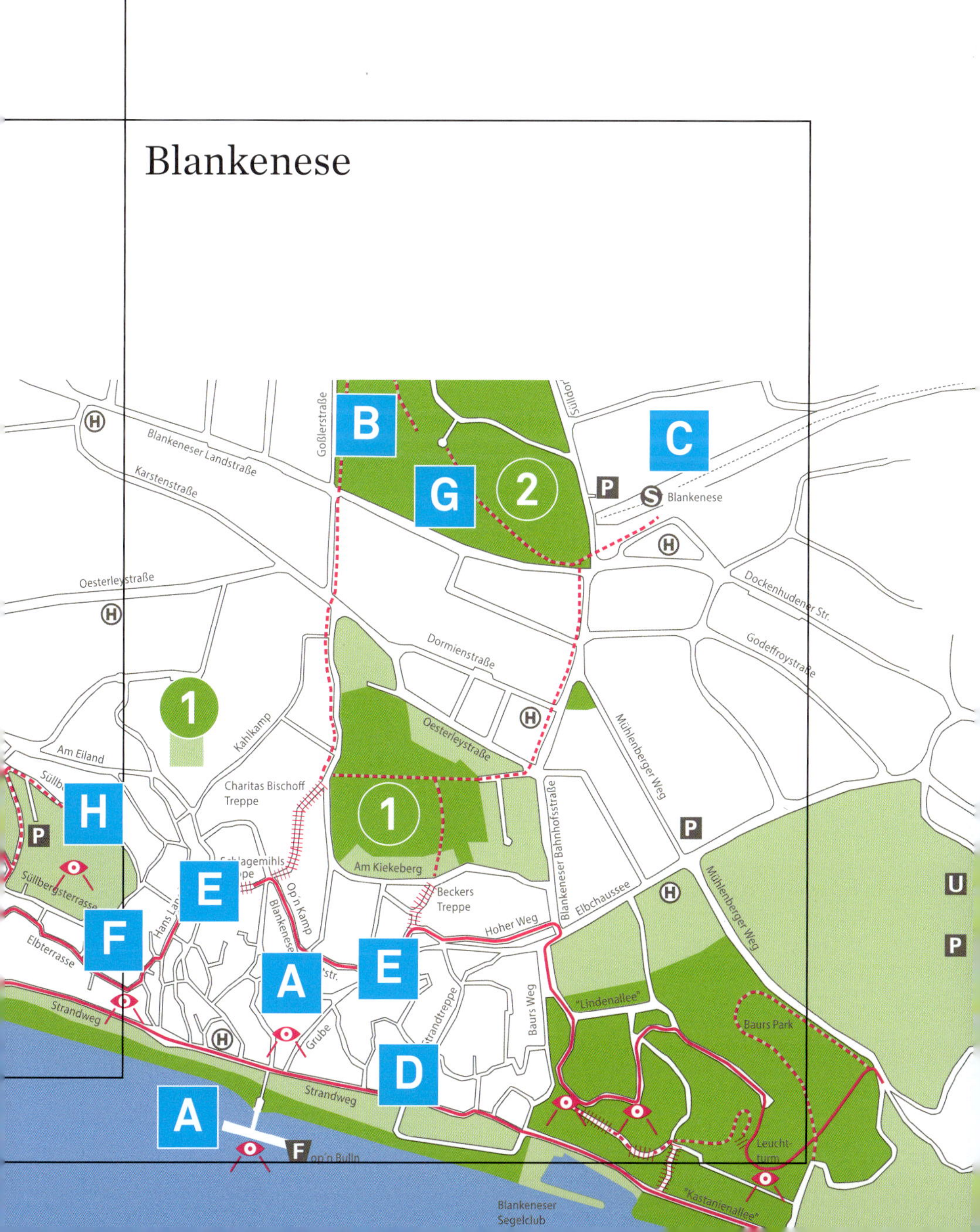

Blankenese

Tschudi: Landhaus Klünder, 1850

1 Hessepark und Wilmans Park

Zwischen 1799 und 1802 kaufte Rüdiger Heinrich Klünder (1763–1849) ein großes Areal im Blankeneser Oberland, geteilt durch die Schlucht des Kahlkamps. Der östliche Teil, der Hessepark, wurde nach Verkauf durch den Nachbesitzer Georg Heinrich Hesse, einer der Gründer der Commerzbank, öffentlicher Park, heute durch randliche Bebauungen stark reduziert. Die ehemaligen vielfältigen Elbblicke sind inzwischen weitgehend verbaut oder zugewachsen. Den westlichen Teil entwickelte ein Nachbesitzer zum bis heute privaten **Wilmans Park** mit römischer Atriumvilla („Römische Villa") von 1922 (Architekt: Walther Baedeker).

Das Gebiet auf dem Krähenberg wurde 1790 von dem Kaufmann John Blacker erworben, der hier einen englischen Landschaftsgarten schuf und ein Landhaus errichten ließ, das mehrfach erweitert wurde, ausbrannte und danach als zweigeschossiges Herrenhaus wiederaufgebaut wurde. 1924 erwarb die Gemeinde Blankenese Haus und Park.

2 Goßlers Park

Auf kahlem Hügel am Krähenberg mit damalig noch vorhandenem Elbblick baute Christian Frederik Hansen 1794/95 für den englischen Courtmaster John Blacker ein Landhaus. Der sandige Hügel wurde mit Elbschlick aus dem Alten Land kultiviert. Der Park wurde als englischer Landschaftspark gestaltet: mit großen Wiesen, Rundwegen („belt walks"), heute 200-jährigen Baumgruppen („clumps") und Eichen auf alten Knicks.

Obwohl der Park heute weit im Blankeneser Hinterland liegt, gehörte er zu der Kette der das Elbufer dominierenden repräsentativen Parks.

Nachdem 1897 der Hamburger Kaufmann John Henry Goßler (1849–1914) Park und Landhaus erwarb, gab er dem Anwesen seinen Namen.

Lithografie von Wilhelm Heuer: Blankenese, 1857

© Altonaer Museum

A Op'n Bulln und Sagebiels Fährhaus

Anleger für die Elbfähren. Ab dem Mittelalter gab es von hier Elbquerungen für die großen Viehdriften auf dem „Ossenpad" zum Viehmarkt in Wedel. Heute Fährverbindungen nach Hamburg und Cranz im Alten Land.
Sagebiels Fährhaus an der Blankeneser Hauptstraße 107, bereits 1302 als Fährhaus mit Ausschank urkundlich erwähnt. 1704 königlich dänisches Fährhaus, zuletzt 1990 restauriert. Traditionelles Restaurant und Ausflugslokal (Kulisse im Film: „Große Freiheit Nr. 7" mit Hans Albers von 1944).

B Häuser Gärtner-Mönckeberg-Kollmar

Im hinteren Teil von Goßlers Park stehen zwei Landhäuser als Doppelhaus mit verbindender Pergola im Stil des „Neuen Bauens" von 1930 (Architekt: Gustav Bensel).

C Bahnhof Blankenese

1867 errichteter neo-klassizistischer Bau für die Bahn Altona–Blankenese, heute S-Bahnhof, seit 1998 unter Denkmalschutz, umbaut mit modernen Geschäfts-, Verwaltungs- und Wohnhäusern.

D Kapitänshaus am Strandweg

Doppelhaus von 1835 mit prachtvollem Garten im Biedermeierstil. In Privatbesitz

E Blankeneser Treppenviertel

Ältester Teil des Fischerdorfs Blankenese, 1301 erstmals urkundlich erwähnt. Der Name rührt wahrscheinlich von einer Sandbank am Flussufer: „Blanke Ness". 58 Treppen mit 4864 Stufen. Mix aus alten und neuen Häusern in Mulden und auf Hügeln. Blankenese blickt auf eine bedeutende Ewer-Schifffahrtsgeschichte zurück. Ab 1800 Entstehung der Parks und Villen von Altonaer und Hamburger Kaufleuten auf dem Geestrücken über dem Fischerdorf.

Das Fischerhaus

© Ronald Holst, 1967

F Das Fischerhaus

Elbterrasse 6. Ein „Dreehus" von 1709 (Neueste Untersuchungen haben ergeben, dass das Baudenkmal 100 Jahre älter ist, als bisher angenommen) auf kleinem Plateau, repräsentativ für viele Blankeneser Fischerhäuser. Seit 1926 Heimatmuseum, 1967 von Bürgermeister Max Brauer als Altentagesstätte eröffnet, zugänglich auf Nachfrage. Daneben (Elbterrasse 2) steht Schubacks Haus von 1698, Blankeneses ältestes Haus im Treppenviertel.

Das Goßlerhaus als einstöckiges Landhaus im klassizistischen Stil. Zeichnung: C. F. Hansen (1794)

© Ellert & Richter Verlag

G Goßlerhaus (Landhaus des Kaufmanns John Blacker)

Das klassizistische Landhaus in Goßlers Park wurde von Christian Frederik Hansen 1794/95 in Form eines griechischen Tempels errichtet. 1897 erfolgte der Umbau durch Martin Haller für John Henry Goßler mit Anbauten im Charakter einer Südstaatenvilla. In den 1920er-Jahren als Rathaus von Blankenese, danach fungierte es als Heimatmuseum. Heute beherbergt das Haus die **Horst Janssen Bibliothek** (Besichtigung auf Nachfrage) und das Hamburger Konservatorium.

Bismarckstein/Süllberg

G. Thielen: Entwurf für ein Bismarckdenkmal (1893) – nie realisiert

3 Bismarckstein

Namensgeber des Bismarcksteins auf dem Waseberg (88,40 Meter üNN) ist der unausgeführte Plan für ein Bismarckdenkmal an dieser Stelle (1893). Ein Mitbegründer der Holsten Brauerei, der großer Bismarck-Verehrer war, hatte 1890 das Gelände erworben, um hier ein Denkmal für den Reichskanzler errichten zu lassen. Auf der Ostseite befindet sich ein Gedenkstein für den Blankeneser Ortsvorsteher Johannes Heinrich Sibbert, der den Park 1910 für Blankenese erwarb. Auf der Aussichtsplattform an der Westseite steht ein Marine-Ehrenmal von 1935, auf dem ein Zitat des Dichters Hans Leip zu lesen ist.

4 Schinckels Park

Nördlich vom Bismarckstein und Waseberg liegt Schinckels Park. Hier wohnte einst der Hamburger Bankier Maximilian Heinrich von Schinckel. An der Holzbrücke befindet sich ein Gedenkstein, der an den Vorbesitzer und Namensgeber erinnert. Ab 1939 wurde der Besitz größtenteils verkauft, Teile erwarb die Stadt, andere gingen an Privatpersonen.
Die öffentliche Straße Waseberg ist mit seiner Steigung von bis zu 16 Prozent die steilste Straße Hamburgs und wird gern von Fahrschulen und für Radrennen genutzt.
Die idyllisch-stille 450 Meter lange Wiese zum Talgrund ist im Winter beliebte Rodelbahn (Kreeks). Nicht weit entfernt befindet sich in der Richard-Dehmel-Straße 1 das Wohn- und Sterbehaus des expressionistischen Dichters Richard Dehmel (1863–1920).

© Michael Zapf

Einst wohnte hier der einflussreiche Hamburger Bankier Maximilian Heinrich von Schinckel mit seiner Familie. Um die steilabfallende Wiese der heute öffentlichen Parkanlage erstrecken sich weitläufige Waldflächen.

H Süllberg

Auf dem exponierten Berg (74,40 Meter üNN) stand ab 1063 eine Burg der Bremer Bischöfe, ab 1253 die der Schauenburger Grafen; beide Burgen wurden zerstört.

Auf dem kahlen Hügel wurde 1837 zunächst eine Milchwirtschaft gegründet. 1886 entstand ein Neubau mit Aussichtsturm und Terrasse mit einmaligem Elbblick, der 1999 renoviert und durch Hotelbau und Restaurant ergänzt wurde.

Blick auf das Blankeneser Treppenviertel und den Süllberg mit Turm, Restaurant, Bistro und Hotelanlage (links)

Ein Kleingebirg aus bunten Muscheln,
darüber dick die Wolken kuscheln,
darunter Flaggen hin und her,
des Stromes Überseeverkehr.

Ein Dorf, das wie ein Eden liegt,
und sanft nach Grog und
Flundern riecht,
von angenehmen Parks verschönt,
von einer Gastwirtsburg gekrönt.

(Hans Leip, 1937)

Römischer Garten und Kösterberg

Else Hoffa am Seerosenteich

Das Naturtheater (um 1925): Platz für 200 Zuschauer

5 Römischer Garten

Der Berg, auf dem sich heute der Römische Garten befindet, wurde 1794 von Jürgen Köster erworben und später auch nach ihm benannt. Nach 1805 wechselte das Anwesen mehrmals seinen Besitzer, bis zwischen 1880 und 1890 von Emilio Richter die grundlegende Struktur des Gartens in Terrassenform mit kunstvoller Thujahecke und Scheinzypressen gestaltet wurde. 1897 erwarb die Bankiersfamilie Warburg das Grundstück. Ab 1913 erfolgte die Ausgestaltung (Hochbeet am Hang, Rosengarten und Seerosenteich) durch die Gärtnerin Else Hoffa (1885–1964), Deutschlands erste „Obergärtnerin". 1924 entstand ein Heckentheater mit neo-barocker Freitreppe für Familienaufführungen. Nach Emigration und Rückkehr der Familie Warburg 1951 Schenkung des Parks an die Stadt Hamburg. 1992–1994 gab es eine Restaurierung. Der Park ist Teil des westlichen „Elbhöhenweges".

Gartenplan um 1930, D. Schoppe: Rekonstruktion, Umweltbehörde 1992 (Ausschnitt)

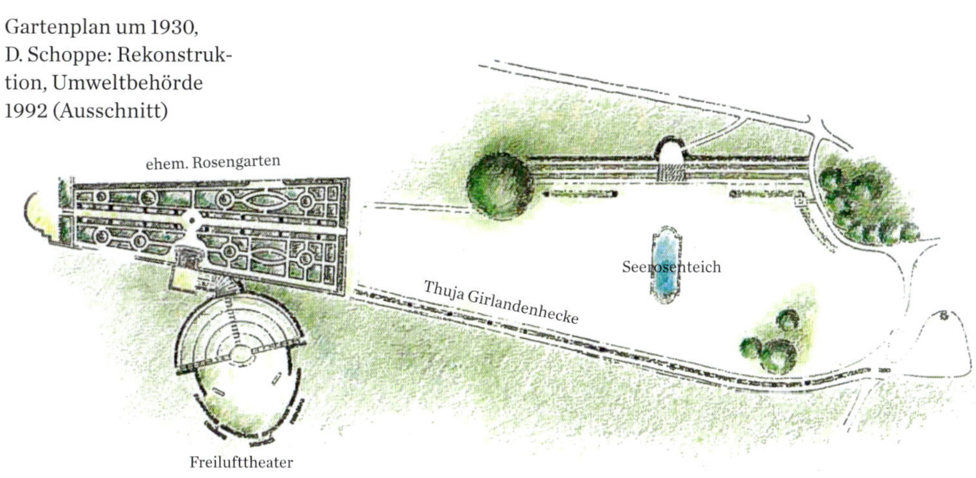

Im Römischen Garten am Blankeneser Elbhang mit seinen Hecken und dem kleinen Rosengarten fühlt man sich wie in einer anderen Zeit.

Treppenanlage zum Naturtheater

© Elsa Brändström Haus

I Elsa Brändström Haus und Warburg Villa

Das Elsa Brändström Haus (Foto), benannt nach der schwedischen Rotkreuzschwester (1888–1948), die sich nach dem Ersten Weltkrieg um deutsche Kriegsgefangene kümmerte und während des Zweiten Weltkriegs vielen Emigranten half, hat eine lange bewegte Historie. Das sogenannte Weiße Haus wurde 1889 von dem Architekten Martin Haller (der auch beim Bau des Hamburger Rathauses beteiligt war) für die Familie Warburg erbaut. Der gesamte Besitz auf dem Kösterberg in Blankenese wurde während der nationalsozialistischen Herrschaft requiriert. Alle Mitglieder der jüdischen Bankiersfamilie Warburg emigrierten in die USA.

Während des Zweiten Weltkriegs wurde das Weiße Haus dann als Lazarett für Kieferchirurgie genutzt. Nach Beendigung des Krieges erhielt Erik Warburg, zurückgekehrt aus dem Exil, die Besitztümer auf dem Kösterberg, u. a. das Weiße Haus, zurück. Für die Unterbringung von Kindern und Jugendlichen, die als Überlebende in den Konzentrationslagern (insbesondere Bergen-Belsen) durch die alliierten Truppen befreit worden waren, stellte die Familie Warburg von 1946–1948 das Weiße sowie das Rote Haus zur Verfügung. Innerhalb dieser drei Jahre wurden rund 1000 Kinder („Die Kinder von Blankenese") auf dem Kösterberg betreut und anschließend vom „United Kingdom Search-Bureau" unter der Leitung von Anita Warburg an Familien und Pflegeeltern in aller Welt vermittelt.

Im Jahr 1948 beschloss die Familie Warburg, das Weiße sowie das Rote Haus für soziale Aufgaben zur Verfügung zu stellen. Mit Unterstützung von Erik Warburg wurde 1950 der gemeinnützige Verein „Elsa Brändström Haus im Deutschen Roten Kreuz e.V." gegründet. Heute ist es ein internationales Tagungs- und Bildungshaus sowie Veranstalter des Freiwilligen Sozialen Jahrs.

© Michael Zapf

J Altonaer Wasserwerk

Das Altonaer Wasserwerk auf dem Baursberg wurde bereits 1859 von der Altonaer Gas- und Wassergesellschaft erbaut und zur Gewinnung von Trinkwasser in Betrieb genommen. Es zählte zu den modernsten Wasserversorgungswerken, da es von Anfang an mehrere Auffangbecken besaß, in denen das Elbwasser gefiltert wurde. Altona blieb so 1892 von der Choleraepidemie verschont, die das benachbarte Hamburg heimsuchte.
Im Laufe der Zeit wurde das Wasserwerk mehrmals erweitert und modernisiert. Inzwischen ist es ein Versorgungswerk von „Hamburg Wasser" und bereitet Grundwasser auf, das über elf Brunnen gefördert wird.
Seit 1990 besteht hier das Wasserschutzgebiet Baursberg. Am Falkensteiner Ufer, links unterhalb des Römischen Gartens von der Elbe aus gesehen, befindet sich ein roter Backsteinbau, das inzwischen nicht mehr genutzte und als Wohnanlage umgebaute Maschinenhaus des Wasserwerks. Davor befindet sich ein neu angelegter kleiner Park mit herrlichem Blick auf die Elbe.

Wittenbergen

Elbhöhenweg und Sven-Simon-Park Wittenbergen

Elbhöhenweg und Sven-Simon-Park

Elbhöhenweg und Sven-Simon-Park

Blick vom Elbhöhenweg auf den Fluss und seine Inseln

© Katrin Schmersahl

1 Elbhöhenweg

Zwischen 1924 und 1933 entwickelten Max Brauer (Bürgermeister von Altona) und Gustav Oelsner (Bausenator in Altona) die Idee eines durchgehenden Elbhöhenweges durch die historischen Park- und Grünanlagen von Altona bis Schulau. Teile davon sind heute realisiert. So folgten ab 1948 als Ergänzungen der Otto-Schokoll-Höhenweg und die Passage durch den Römischen Garten.

Vom Luusbarg ist die Aussicht auf die Elbe traumhaft. Das sieben Hektar große Gelände grenzt auf der Elbhöhe an den Sven-Simon-Park und erstreckt sich dann westwärts bis zum Falkensteiner Ufer.

© Katrin Schmersahl

2 Luusbarg

Kürzlich revitalisierte Heideflächen (Calluna vulgaris) zwischen Sven-Simon-Park und Wittenbergener Weg sind über einen Rundweg am westlichen Rand des Sven-Simon-Parks begehbar. Ehemals Teil des Gartens der Villa Münchmeyer am Tinsdaler Kirchenweg.

© Michael Zapf

Foto oben:
Sven-Simon-Park: Beeindruckend sind nach wie vor die langen Sichtachsen, teilweise mit Blick auf die Elbe.

Foto rechts:
Eindrucksvolle Aussichtsplattform vor der Villa Michaelsen mit Fernsicht

© Michael Zapf

3 Sven-Simon-Park

Gestalteter Landschaftspark mit Mischwald und Teichen aus den 1950er-Jahren (Landschaftsarchitekt: Gustav Lüttge). Leider sind von Lüttges Gesamtkonzept nur noch Relikte vorhanden.
Bis 1982 im Besitz des Verlegers Axel Springer, dann Schenkung als Sven-Simon-Park (Sven Simon: Sohn von Axel Springer) an Hamburg. Sven Simon war als Fotograf und Journalist international bekannt und gewann viele renommierte Preise. Darüber hinaus war er Chefredakteur der Welt am Sonntag. 1980 nahm er sich im Alter von nur 38 Jahren das Leben.

Karl Schneider
(1892–1945)
rechts: Foto von 1924

1 Villa Michaelsen

Bedeutsame Architektur des „Neuen Bauens“, 1923 von Karl Schneider errichtet. Schneider, Mitarbeiter im Atelier von Walter Gropius und Peter Behrens, war zeitweilig Mitarbeiter von Fritz Höger in Hamburg und arbeitete zusammen mit ihm an Wettbewerben. Er machte sich 1921 als Architekt selbstständig. Das auf dem circa 40 000 Quadratmeter großen Elbhang-Grundstück erbaute Landhaus sollte exemplarisch für eine neue Architekturentwicklung stehen: Die Klarheit der mehrteiligen Komposition und die harmonische Verbindung mit der Natur verliehen dem Bauwerk schnell internationale Beachtung. Bereits 1925 veröffentlichte Walter Gropius in Band 1 der Bauhausbücher dieses außergewöhnliche Landhaus. Es sollte neben dem Chilehaus zum meistveröffentlichten Hamburger Gebäude des 20. Jahrhunderts werden.
Die Villa wurde 1985 im ruinösen Zustand von Elke Dröscher übernommen, vorbildlich restauriert und ist seit 1986 als „Puppenmuseum Falkenstein“ zugänglich (500 Puppen, historische Puppenstuben, wechselnde Kunstaustellungen).

2 Villa Stucken

Die Kaufleute Fritz und Willy Stucken erwarben aus der Liquidationsmasse Godeffroy 1887 ein großes Areal am Falkenstein, legten im Norden eine Kiesgrube (Sülldorfer Landstraße) an und parzellierten nach und nach den Bereich am Tafelberg, wo an der Straße Falkenstein ab 1900 ein großzügiges Villengebiet entstand.
Die Villa von Fritz Stucken, Grotiusweg 53/55, 1907 von E. P. Dorn errichtet, ist mit hohem Walmdach vom östlichen Sven-Simon-Park aus am Hang sichtbar.

Herrschaftlich mit großer Fensterfront thront die Villa Stucken mit ihren 1260 Quadratmetern Wohnfläche über dem Sven-Simon-Park.

© Archiv Bürgerverein Rissen

4 Wittenbergener Heide

Zwischen Wittenbergener Weg und Leuchtturmweg erstreckt sich ein Wald- und Heidegebiet, das unter Naturschutz steht. Im östlichen Teil liegt die 1947 gegründete „Freiluftschule Blinkfüer“. Der „Otto-Schokoll-Höhenweg“ (Otto Schokoll, 1912–1983, Leiter des Gartenamtes Altona) führt direkt zur Landesgrenze.

© Michael Zapf

5 Falkensteiner Ufer

Waldpark auf hohem Geestrücken zwischen Falkensteiner Weg und Wittenbergener Weg. Aufforstung ab 1850 im großen Maßstab durch Johan Cesar VI. Godeffroy (1813–1885) als Jagdgebiet. Der Falke war das Wappen der Godeffroys. Ab 1887 Teilparzellierungen als Villengebiet. Eine ehemalige Kiesgrube ist heute Teil des Falkensteiner Golfclubs.

© Michael Zapf

Der unterschiedliche Charakter der die Elbe begleitenden Landschaften beeindruckt immer wieder: Seit den 1970er Jahren sind durch Sandaufspülungen die drei Inseln Schweinesand (im Vordergrund), Neßsand (in der Mitte) und Hanskalbsand (im Hintergrund) zu einer 7, 5 Kilometer langen Elbinsel zusammen gewachsen. Im Hintergrund links die bereits zu Niedersachsen gehörende Insel Hahnöfersand mit der gleichnamigen Justizvollzugsanstalt der Freien und Hansestadt Hamburg und dahinter das Alte Land.

6 Elbinsel

Eine Kette von natürlichen Sandbänken zwischen den Stromarmen der Norder- und Süderelbe (Schweinesand, Hanskalbsand) wurde in den 1960er- und 1970er-Jahren durch Aufspülung von Baggergut aus der Fahrrinne zur von Blankenese bis Wedel durchgehenden, 7,5 Kilometer langen Insel Neßsand verbunden. Das 170 Hektar große Naturschutzgebiet, zu dem noch Wattflächen gehören, darf nur eingeschränkt betreten werden. Im Sommerhalbjahr wird das Naturschutzgebiet von einem Insel- und Naturschutzwart bewohnt und bewacht.

© Archiv Bürgerverein Rissen

C Wittenbergener Fährhaus

Vor der traumhaften Kulisse des bewaldeten Geesthangs errichtete Johann Wiggers unmittelbar am Elbstrand 1907 das Wittenberger Fährhaus. Sein Architekt Lüchow musste 288 Pfähle in den Boden rammen lassen, um das Haus zu sichern. 1914 verkaufte Wiggers es an die Familie Hoffs, die bis 1971 das Haus führte und dann für 700 000 DM an die Stadt verkaufte. Ein literarisches Denkmal setzte der 1890 geborene Bildhauer und Schriftsteller Ernst Barlach diesem Kleinod mit seinem 1919 dort uraufgeführtem Stück „Der arme Vetter". Mit der damaligen Wirtin Thinka schwatzte er gerne beim Wein über Gott und die Welt.

Das „Alte Fährhaus" fiel mehreren Sturmfluten zum Opfer, wurde immer wieder renoviert und musste leider nach der Sturmflut von 1976 aufgegeben werden. Vorhanden sind noch Teile der Befestigungen und die Linden des Kaffeegartens.

D Rissener Leuchttürme

Westlich der Landungsbrücke an dem hier engen Fahrwasser steht das „Unterfeuer Wittenbergen"; das zugehörige „Oberfeuer Tinsdal" steht oberhalb des Höhenweges am Leuchtturmweg in Tinsdal. Beide Türme wurden 1899 errichtet.

Der junge Ernst Barlach, 1870 in Wedel geboren, besuchte gern den Wittenbergener Leuchtfeuerwärter.

Der naturbelassene Wittenbergener Strand ist nicht nur für Hamburger ein traditionell beliebtes Ausflugsziel zum Sonnen und mit Einschränkungen zum Baden, sondern wird auch mit seiner am Falkensteiner Ufer direkt neben den Elbwiesen gelegenen Campinganlage „ElbeCamp" vielfach von Hamburgtouristen angesteuert.

Ausblick

Blick auf den Geestrücken von der Südseite der Elbe. Links die im Grün versteckten Villen an der Elbchaussee, in der Bildmitte der Elbwanderweg und rechts Övelgönne mit dem Museumshafen von Neumühlen. Im Hintergrund lugt der Michel über die Baumwipfel.

© Michael Zapf

Eine Stadtkulturlandschaft wächst aus dem Zusammenspiel ihrer Siedlungsgeschichte und den daraus resultierenden Architekturen, Gärten und Parks. Zwar hatte sich der Begriff „Landschaft“ seit der Industrialisierung zunächst als Gegenbegriff zur „Stadt“ herausgebildet, doch wurden Industrie- und Stadtlandschaften zunächst künstlerisch, dann auch im allgemeinen Bewusstsein ästhetisch-kulturell wahrnehmbar.
Das Hohe Elbufer war im Zeitalter der Aufklärung mit seinen landschaftlichen Vorzügen für die Ansiedlung einer „Landhauskultur“ der gehobenen bürgerlichen Schichten prädestiniert. Dadurch ist es in seiner 250-jährigen Geschichte weitgehend industriefrei geblieben.
Seit 1913 kaufte oder pachtete der Magistrat gezielt private Flächen, um sie zu öffentlichen Grünanlagen zu machen (Donners, Rathenau-, Jenisch-, Gayenscher und Volkspark mit angrenzendem Hauptfriedhof) sowie, beginnend unterhalb von Rainville, den durchgehenden Elbuferwanderweg bis Schulau herzustellen. Aus Anlass des 250-jährigen Stadtjubiläums richtete Altona 1914 die Deutsche Gartenbauausstellung aus – diese wurde allerdings überschattet vom Ausbruch des Ersten Weltkriegs.
Das Hohe Elbufer ist einem stetigen Wandel unterzogen. Die darüber bestimmenden Akteure, seien es Bauherren, Stadt- und Landschaftsplaner, Denkmalschützer oder Naturschützer (die Letzteren gab es vor 250 Jahren noch gar nicht) haben durchaus divergierende Vorstellungen von der Zukunft dieses steil aufragenden Geestrückens am Ufer der Elbe.

© Michael Zapf

Auslaufende Queen Mary 2 passiert den Strand von Övelgönne.

Ein neuer Aspekt ist die Wahrnehmung dieses eiszeitlich geprägten Hochufers von ein- und auslaufenden Kreuzfahrtschiffen: Vom Deck hat man gleichsam einen „Logenplatz“ auf die von Altona bis Blankenese mit seinem 74 Meter hohen Süllberg vorbeiziehende Landschaft, die nur an wenigen Stellen durch die Einmündung von Bächen abgeflacht ist – am Fischmarkt durch die Pepermölenbek und in Teufelsbrück durch die Flottbek.

© Michael Zapf

Gegenüber vom ehemaligen Fischerdorf Övelgönne strecken sich mächtige Containerbrücken des Hamburger Hafens in den Himmel.

Gegenüber in der Elbniederung dominieren hingegen die Hafenindustrielandschaften mit ihren Containerbrücken, die den Geestrücken locker überragen. Die Airbusansiedlung, verbunden mit der Teilzuschüttung des (ursprünglich erst für Wasserflugzeuge ausgebaggerten) Mühlenberger Lochs, hat wesentlich mehr Bewohner des Hohen Elbufers aktiviert als der Erhalt der „eigenen“ Kulturlandschaft.
Die „wachsende Stadt“ fordert eine intensivere Verwertung und Nutzung der zur Verfügung stehenden Siedlungsflächen ein. Inzwischen verringert sich entlang der Elbchaussee

zunehmend die Anzahl der überlieferten Landhäuser zugunsten von milieufremden, mehrgeschossigen, großen Mehrfamilienhauskomplexen.

Auch das Nutzungsverhalten der Freiraumakteure erfordert planerisches Handeln. Vor 200 Jahren gab es weder Radfahrer, Jogger noch grillende Menschengruppen in den Grünanlagen. Die Landschaft wurde entweder reitend oder kontemplativ spazierengehend wahrgenommen. Globale Herausforderungen wie der Klimawandel werden zudem nicht ohne Auswirkungen auf eine nachhaltige Weiterentwicklung dieser und anderer Stadtlandschaften bleiben.

Was ist also zu tun? Kapitalinteressen dominieren das gegenwärtige Baugeschehen. Der Prozess der Siedlungsentwicklung ist inzwischen sehr verrechtlicht. Nicht nur das Baugesetzbuch oder das Bundesnaturschutzgesetz und die Landschaftsplanung wirken auf den Raum ein. Seit über 20 Jahren stehen der Schutz und die Entwicklung von (Stadt-)Kulturlandschaften im deutschen Raumordnungsgesetz. Kulturell wichtige Einzelobjekte unterliegen dem Denkmalschutz. Ihre reine Konservierung stünde aber im Widerspruch zum dynamischen Landschaftsbegriff: Eine zeitgemäße Weiterentwicklung von öffentlichen und privaten Flächen nach den Kriterien einer nachhaltigen „Bewirtschaftung" könnte den Erhalt des Hohen Elbufers als „Kulturlandschaft" und „Urban Forest" ermöglichen.

Fazit: Ein verantwortlicher Umgang mit dem Hohen Elbufer sollte einerseits die kulturell bedeutenden und das Milieu bestimmenden Architekturen und Freiraumstrukturen (Gärten, Parks und Grünzüge) schützend kultivieren, andererseits die sich weiterentwickelnden Ansprüche an die Stadtlandschaft behutsam berücksichtigen und milieugerecht einordnen, damit auch nachfolgende Generationen diese einmalige Stadtkulturlandschaft mit ihrem besonderen geschichtlichen Hintergrund er- und beleben können.

Unterhalb vom Baurs Park: Den Elbuferweg begrenzt ein 1834 errichtetes Geländer, das heute unter Denkmalschutz steht.

Impressum

Bibliografische Information der Deutschen Nationalbibliothek
Die Deutsche Nationalbibliothek verzeichnet diese Publikation in der Deutschen Nationalbibliografie; detaillierte bibliografische Daten sind im Internet über http://dnb.d-nb.de abrufbar.

ISBN 978-3-8319-0746-5

Titelabbildungen: links Blick auf Blankenese © Michael Zapf, rechts das Jenischhaus © Katrin Schmersahl

Herausgeber: Hamburg – Grüne Metropole am Wasser e.V. gefördert durch die Patriotische Gesellschaft von 1765 und mit finanziellen Mitteln aus dem Zweckertrag des Lotteriesparens der Hamburger Sparkasse
Text: Jürgen Pietsch, Jan Michael Runge, Prof. Jürgen Weber
Redaktion: Sophie Niemann, Hamburg
Grafikdesign für den Verein: Erscheinungsbild, Logo und Wanderkarten: Berta Meins, Grafikerin, Hamburg.
Layout der Schautafeln: Tilman Stahlke in Fa. SIS, Sign Information System, Hamburg
Gesamtherstellung: Druckerei Girzig + Gottschalk, Bremen

www.ellert-richter.de
www.facebook.com/EllertRichterVerlag

Jan Michael Runge, geb. 1942 in Hamburg, machte eine Baumschullehre und arbeitete als Landschaftsgärtner u. a. in England. 1965 absolvierte er ein Studium für Gartenarchitektur und Landschaftsplanung in Berlin und Kassel. Dort gründete er 1972 mit Kollegen ein Landschaftsplanbüro und war bis 1995 Geschäftsführer des Zweigbüros Hamburg. Seitdem ist er freischaffender Landschaftsarchitekt, Mitglied der Hamburgischen Architektenkammer und Mitbegründer des gemeinnützigen Vereins „Hamburg – Grüne Metrople am Wasser e.V.“, dessen erster Vorsitzender er ist.

Jürgen Pietsch studierte nach einer Ausbildung als Landschaftsgärtner in Essen, Hannover und Kaiserslautern (Promotion) Umwelt- und Planungswissenschaften. Seine Tätigkeiten in Planungsbüros und Forschungsinstitutionen führten ihn u. a. nach Luxemburg, Daejeon/Korea und Zürich. 1984 wurde er als Professor an die junge Technische Universität Hamburg berufen und baute dort den Studiengang Stadtplanung mit auf. Seine Themen reichen von Stadtentwicklung durch Kultivierung und die Entstehungsbedingungen von Kulturlandschaften über Umweltmanagement und Ökologische Planung bis hin zu Strategien Nachhaltiger Entwicklung.

Jürgen Weber (1936–2018) studierte Medizin in Tübingen, Kiel, München, Wien, Paris und Hamburg, war dann als Radiologe tätig und bekam 1992 eine Professur. Er war Vorsitzender des Blankeneser Bürgervereins und als Zweiter Vorsitzender des Vereins „Hamburg – Grüne Metropole am Wasser e.V.“ maßgeblich an der Konzeption und Umsetzung der dieser Broschüre zugrundeliegenden Schautafeln beteiligt. Die Autoren danken Jürgen Weber für seine motivierenden Anregungen zum Entstehen der Broschüre.

Das „Hohe Elbufer“ zwischen Fischmarkt und Schulau mit seinem schönen Strand und markanten Geestrücken weist eine einmalige Stadtkulturlandschaft bürgerlicher Prägung auf. Mit ihren zunächst vom nordischen Klassizismus der Frühen Neuzeit mit Einflüssen aus Frankreich und England gestalteten Parks, Gärten und Architekturen bildete sich in diesem erst dänischen, später preußischen und heutigem Teil der Stadtrepublik Hamburg eine einmalige Melange aus verschiedenen Kulturen, maritimen Einflüssen und hanseatischer Noblesse heraus. Kartenausschnitte und eingehende Erläuterungen zu architektonischen und gartengestalterischen Objekten öffnen die Sicht auf diesen Teil der Stadt als eine Stadtkulturlandschaft.
Die Autoren zeigen Perspektiven auf, wie dieser Kultivierungsprozess unter den jetzigen Rahmenbedingungen weitergeführt werden sollte.

ISBN 978383190746-5